Leidbilder

»Substanz«

Verena Schneider

Leidbilder

Sex-Zwangsarbeit in nationalsozialistischen
Lagerbordellen in Erinnerung und Forschung

Die Deutsche Bibliothek verzeichnet diese Publikation
in der Deutschen Nationalbibliografie.
Detaillierte bibliografische Daten sind im Internet abrufbar unter
http://dnb.d-nb.de

Besuchen Sie uns auch im Internet:
www.marta-press.de

1. Auflage November 2017
© 2017 Marta Press UG (haftungsbeschränkt), Hamburg, Germany
www.marta-press.de
Alle Rechte vorbehalten.
Kein Teil des Werkes darf in irgendeiner Form (durch Fotografie, Mikrofilm oder andere Verfahren) ohne schriftliche Genehmigung des Verlages reproduziert oder unter Verwendung elektronischer Systeme verarbeitet, vervielfältigt oder verbreitet werden.
© Umschlaggestaltung: Niels Menke, Hamburg
unter Verwendung eines © Fotos von Sabine Bruckner, Salzburg.
Printed in Germany.
ISBN 978-3-944442-72-3

Inhalt

I. Einleitung 9

II. Die Konstruktion des „idealen Opfers" in den Zeugnissen des Holocaust nach 1945 20

III. Sex-Zwangsarbeit in nationalsozialistischen Konzentrationslagern und ihre Darstellung in der Nachkriegszeit 39

IV. Sex-Zwangsarbeit in Zeugnissen von Überlebenden – eine Interpretation anhand ausgewählter Interviews 73

V. Die Analyse des ausgewerteten Interviewmaterials 116

VI. Fazit 142

VII. Interviewliste mit Quellenverzeichnis 149

VIII. Literaturverzeichnis 154

I. Einleitung

Die Existenz von Häftlingslagerbordellen in nationalsozialistischen Konzentrationslagern ist mittlerweile als historische Tatsache anerkannt und findet nach rund 70 Jahren endlich auch in den betreffenden Gedenkstätten Erwähnung. Dies ist sowohl zeitlich als auch historisch betrachtet umso erstaunlicher, da bereits kurz nach Kriegsende zahlreiche Überlebende von diesen so genannten „Sonderbauten" berichteten: Im Jahr 1942 führte die SS ein Prämiensystem in Konzentrationslagern ein, um die Leistungsfähigkeit wichtiger „Facharbeiter" und Funktionshäftlinge für die Rüstungsindustrie zu erhöhen. Sie rekrutierte weibliche Häftlinge, errichtete Bordelle, schrieb deren Besuch als höchste Prämienstufe aus und etablierte damit eine neue, perfide Form der Ausbeutung: Sex-Zwangsarbeit[1], die von weiblichen Häftlingen verrichtet werden musste. Die totale Kontrolle, die die SS über das Leben aller Häftlinge hatte, erreichte eine neue Dimension.

---

[1] Begriff der „Sex-Zwangsarbeit" nach: Amesberger, Helga/Auer, Katrin/Halbmayr, Brigitte (2010), Sexualisierte Gewalt. Weibliche Erfahrungen in NS-Konzentrationslagern, Wien: Mandelbaum Verlag, S. 101ff: Der Begriff soll deutlich machen, dass Lagerbordelle als Teil des NS-Zwangsarbeitssystems eingerichtet wurden, mit dem Ziel der Steigerung wirtschaftlicher Gewinne. Die Sex-Zwangsarbeiterinnen waren sowohl Opfer nationalsozialistischer Verfolgung als auch Zwangsarbeiterinnen in Arbeitskommandos waren.
In der vorliegenden Arbeit wird außerdem der Begriff „Sexarbeit" verwendet. Die Bezeichnungen „Prostitution" oder „Prostituierte" werden entweder nur als Zitat verwendet oder stehen in einfachen Anführungszeichen. Die Definition für Sexarbeit folgt dabei der Argumentation der Aktivistin Carol Leigh, die sie 1978 erstmals veröffentlichte (ausführlich: Leigh, Carol (2003), Unrepentant Whore: Collected Work of Scarlot Harlot, San Francisco: Last Gasp): Der Begriff verdeutlicht zum einen den Lohnarbeitscharakter der Sexarbeit und baut zum anderen die negativen Stereotype, die mit „Prostitution" in Verbindung gebracht werden, ab.

Sie verfügte nun nicht nur über Sexualität und Körper der weiblichen Häftlinge, die sie nach Belieben ausbeutete, sondern instrumentalisierte auch die männlichen Häftlinge durch den Anreiz des Bordellbesuchs. Die „Sonderbauten" wurden in insgesamt zehn Konzentrationslagern errichtet und bestanden zum größten Teil bis kurz vor Auflösung der Lager. Insgesamt waren mindestens 170 Frauen unterschiedlicher Nationalitäten und Häftlingskategorien (die meisten so genannte „Asoziale") von dieser Form der sexuellen Ausbeutung betroffen. Vier berichteten nach dem Krieg davon.

Alle weiteren Berichte über Zustände und Lebensumstände im Bordell stammen von anderen weiblichen und männlichen Überlebenden, die entweder Kontakt zu den Frauen hatten, selbst das Bordell besuchten oder schlicht Hörensagen weitergaben. Nach dem Krieg waren die gesellschaftliche und ab 1949 auch die (national)staatliche Auseinandersetzung in BRD und DDR mit den Zeitzeug_innen[2] jedoch generell von Ablehnung und Desinteresse geprägt.[3] Die Bordell-Berichte hingegen erhielten Aufmerksamkeit, welche allerdings eher einer Sensation gleichkam als einer gewillten Aufarbeitung. Viele Überlebende wollten eine Schädigung ihres Opferstatus, die Relativierung und Ablehnung ihres erfahrenen Leids vermeiden und verschwiegen von nun an die Existenz der Bordelle. Damit blieb auch jenes Leid unsichtbar, das die dort ausgebeuteten Sex-Zwangsarbeiterinnen erfahren mussten. Die betroffenen Frauen selbst schwiegen häufig aufgrund ihrer doppelten Stigmatisierung: als ehemaliger „asozialer"

---

[2] Die Autorin verwendet den Unterstrich („Gendergap"), um einerseits mit der Leerstelle eine ausschließlich auf Männlichkeit/Weiblichkeit basierende Sprache in Frage zu stellen und um andererseits einen Raum für Menschen zu schaffen, die sich auf keines der zwei Geschlechter festlegen woll(t)en oder konnten/können. Erstmalige Erwähnung und Erläuterung siehe: Herrmann, Steffen Kitty (2003), Performing the Gap – Queere Gestalten und geschlechtliche Aneignung, in: Arranca! Ausgabe 28, November 2003, Berlin: FelS, S. 22–26.
[3] Die Arbeit beschränkt sich auch im weiteren Verlauf auf diese beiden Staaten.

Häftling und als Sex-Zwangsarbeiterin. Die Artikulation ihres erfahrenen Leids während der KZ-Haft blieb aus. Die Häftlingskategorie der „Asozialen" blieb sowohl in der BRD als auch in der DDR noch viele Jahrzehnte nach Ende des Zweiten Weltkriegs weder entschädigungswürdig noch wurden die Folgen dieser Form der nationalsozialistischen Verfolgung anerkannt. Vielmehr waren die Frauen, die sich zu ihrer Haftzeit als „Asoziale" bekannten, Häme und gesellschaftlichen Vorurteilen ausgesetzt. Diese rechtsstaatliche und gesellschaftliche Stigmatisierung „asozialer" Häftlinge in den Nachkriegsdekaden in beiden Staaten muss als Kontinuität nationalsozialistischer Diskriminierung gesehen werden.

Die Tabuisierung der Bordelle endete in den 1990er Jahren, als das Interesse an den immer älter werdenden Zeitzeug_innen neu erwachte. Durch die Aufzeichnung und Archivierung von Videointerviews gab es auf einmal eine Unmenge an zugänglichen Zeugnissen von Überlebenden des Holocaust. In ihren Berichten tauchten nun auch die Bordelle auf, deren Darstellung jedoch äußerst fragwürdig ist und oft eine Relativierung des Leids der ausgebeuteten Frauen mit sich bringt. Dies ist aber nicht außergewöhnlich, da sich in der Zwischenzeit eine kleine „ideale Opfergemeinschaft"[4] gebildet hatte, deren Verhalten, Erfahrungen und Leid die Überlebendennarrative normierten. Die ehemaligen Sex-Zwangsarbeiterinnen und ihr Schicksal waren und wurden nicht Teil dieser Gemeinschaft, sondern aus dem Erinnerungsdiskurs ausgeschlossen. Sie wurden zu den „vergessenen Opfern" ohne Entschädigung und ohne eigene Geschichte. Die Gruppe der Sex-Zwangsarbeiterinnen beziehungsweise „Asozialen" ist nur ein Beispiel der „vergessenen Opfer", über die nachteilig oder gar nicht gesprochen wurde. Beispielhaft seien hier die aufgrund ihrer Homosexualität verfolgten Opfer, Sinti und Roma und die Ermordeten der „Aktion T4" genannt.

---

[4] Die Autorin entwickelte die Begriffe der „idealen Opfergemeinschaft" und des „idealen Opfers" als Ausgangspunkte für die Thesenformulierung dieser Arbeit. Eine genaue Begriffsgenese und -definition folgt in Kapitel II.

Theoretische Vorüberlegungen

Dieses „idealisierte Opfernarrativ" bildet den Ausgangspunkt der vorliegenden Arbeit: eine bestimmte Häftlingsgruppe war in der Lage, die eigene Geschichte unter vorgegebenen, gesellschaftlichen Bedingungen zu erzählen. Was sie berichteten, war in den ersten Jahren nach Kriegsende prägend für das Narrativ, das über die Alltagserfahrungen in den Konzentrationslagern bestimmte. Implizit ist dem Begriff des „idealen Opfers" eine dichotome Definition, die bestimmte Menschen ein- und andere ausschließt. Die Entstehung dieses Konstrukts hängt eng mit den Gesellschafts-, Zeit- und Geschlechterstrukturen nach dem Krieg zusammen, in denen sich die Überlebenden bewegten und artikulierten.

Aufgrund dieser Annahme, wurde nach Leerstellen, Zuschreibungen und Umdeutungen in Interviews mit Überlebenden gesucht, die über die Bordelle berichteten. Die zeugnisablegenden Frauen und Männer, die sowohl über ihr eigenes Schicksal, aber auch über die Sex-Zwangsarbeiterinnen sprechen, sind daher, so die Annahme, Teil der Gemeinschaft der „idealen Opfer".

Zentral für diese Publikation ist daher auch der Begriff von „Leid" als universelle Erfahrung aller Holocaust-Opfer. Welche Erfahrungen diesen Begriff konstituieren, wer ihn aus welcher Perspektive definiert und was dadurch gesichert wird, soll im Rahmen des Analyseteils erörtert werden. Die Erfahrungen und Erinnerungen weiblicher Überlebender wurden lange Zeit jenen der männlichen Überlebenden untergeordnet und auf diese Weise marginalisiert. Die „universale", vermeintlich geschlechtslose Holocaust-Erfahrung basiert daher auf männlichen Erfahrungswerten. Dieser Wirkmechanismus der Universalisierung dominiert auch die Holocaustforschung hinsichtlich des Themenkomplexes Sex-Zwangsarbeit. Die Interviews mit Zeitzeugen bilden in erschreckender Deutlichkeit sowohl die männliche Wahrnehmung als auch die konstruierte Deutung gewaltvoller sexueller Ausbeutung in Lagerbordellen ab. Das Bordell im Lager erfüllt für die

Männer in ihren Berichten unterschiedliche Funktionen: Es soll möglichst harmlos erscheinen, die Aufrechterhaltung männlicher Identität trotz Lagerhaft bezeugen oder das eigene Leid in den Vordergrund rücken.[5] Diese Gleichgültigkeit gegenüber dem geschehenen Unrecht, das die Frauen ertragen mussten, und die damit erzeugte Unsichtbarkeit ihres Leids, wird in den folgenden Kapiteln dargestellt. Beides wird im ersten Zitat dieser Arbeit deutlich und ist richtungsweisend für alle folgenden: „Was aus diesen Weibern geschehen ist, weiß ich nicht; jedenfalls sind sie verschwunden."[6]

Die aufgestellte These

Aus diesen Vorüberlegungen und dem ausgewählten Interviewmaterial lässt sich folgende These ableiten: Männliche Überlebende des Holocaust schaffen durch ihre Berichte ein Netz von Ausschlussmechanismen und Diskreditierungen, welches die Erinnerung an das Leben und Schicksal der Sex-Zwangsarbeiterinnen in nationalsozialistischen Häftlingsbordellen formte.

Anhand der vorgestellten These soll im Einzelnen aufgezeigt werden, wie
- unterkomplex sexualisierte Gewalt in der Holocaustforschung verhandelt wird.
- die Realgeschichte der Lagerbordelle aufgestellte Behauptungen männlicher Überlebender entkräftet.

---

[5] An dieser Stelle soll daher auch betont werden, dass die vorgelegte Publikation weder eine Konkurrenzsituation zwischen unterschiedlichen Opfergruppen schaffen soll noch bewerten will, wessen Leid wichtiger ist. Sondern es soll vielmehr ein differenzierter Blick auf die unterschiedlichen Schicksale von Holocaust-Überlebenden und deren Repräsentationen geworfen werden.
[6] Bericht Nr. 33.

- das Motiv „Leid" als *das* strukturierende Element männlicher Erinnerungsbilder über Sex-Zwangsarbeit und Sex-Zwangsarbeiterinnen fungiert und Ausschlüsse strukturiert.
- sich männlich definierte Ausschlussmechanismen auf die Position der ehemaligen Sex-Zwangsarbeiterinnen als Überlebende auswirken und welche Funktion sie dabei erfüllen.

Der Begriff „Sexualisierte Gewalt" unterscheidet sich vom Begriff der „Sexuellen Gewalt" durch eine differenziertere Definition: Sexuelle Gewalt umfasst den Bestandteil der Sexualität und meint das Übergehen der sexuellen Selbstbestimmung der Frau. Sexualisierte Gewalt schließt neben direkter körperlicher Gewalt gegen Frauen auch Grenzüberschreitungen ein und ermöglicht so ein erweitertes Bild weiblicher Gewalterfahrung, da nicht nur Körpergrenzen überschritten werden.[7] Der Begriff macht deutlich, dass es sich bei Gewalt von Männern gegen Frauen „[...] nicht um Sexualität, sondern um die Ausübung von Macht auf Seiten der Täter, um Erniedrigung, Demütigung und Zerstörung [...]"[8] handelt.

Die Inhalte der einzelnen Kapitel

Kapitel II stellt zunächst das System der Häftlingsgesellschaft, seine Dynamiken und Werte in den letzten vier Kriegsjahren vor. Darauf aufbauend wird die Konstruktion der „idealen Opfergemeinschaft" erläutert und zu zeitgeschichtlich und gesellschaftlich unterschiedlichen Phasen der Holocaustrezeption in Beziehung gesetzt. Die Bedeutung von Gender für diese männlich dominierte

---

[7] Die Autorin folgt hier der Begriffsdefinition von Amesberger, Helga/Auer, Katrin/Halbmayr, Brigitte (2010), Sexualisierte Gewalt, S. 27.
[8] Mühlhäuser, Regina/Eschebach, Insa (2008), Sexuelle Gewalt im Krieg und Sex-Zwangsarbeit in NS-Konzentrationslagern. Deutungen, Darstellungen, Begriffe, in: Eschebach, Insa/Mühlhäuser, Regina, Krieg und Geschlecht, Berlin: Metropol, S. 11-34, hier S. 29.

Gemeinschaft schließt die Einführung ab. Kapitel III schafft zunächst einen Wissenszugang zum Themenkomplex sexualisierte Gewalt gegen Frauen im Holocaust sowie dessen Leerstellen in Wissenschaft und Gesellschaft. Darauf aufbauend werden die so genannte Prämien-Vorschrift, die Einrichtung und Funktionen der Lagerbordelle erläutert. Anschließend folgen im nächsten Kapitel zuerst die Erläuterung des Vorgehens, danach drei exemplarische Interviews und zuletzt deren Interpretation. Die Beispiele sollen eine Vorstellung von der sprachlichen Konstruktion und Deutungshoheit männlicher Zeugenschaft in Primärquellen geben. Kapitel V liefert abschließend die Analyse des Gesamtmaterials.

Untersuchungsgegenstand und Vorgehen

Diese Arbeit basiert auf den Untersuchungen und Auswertungen von Interviews mit männlichen ehemaligen Häftlingen, die in Konzentrationslagern inhaftiert waren, in denen ein Lagerbordell existierte. Durch die Interpretation dreier Beispielinterviews werden zunächst einige der Ausschlussmechanismen in den Primärquellen aufgezeigt. Anschließend folgt die Analyse des Gesamtmaterials, die alle ausgewählten Interviews kritisch auswerten und die Aussagen der Männer der historischen Faktenlage gegenüberstellen wird. Die Erinnerung und damit einhergehend auch die Interpretation der Geschichte, die es bis dato an und über die Sex-Zwangsarbeiterinnen gibt, soll auf diesem Weg untersucht und berichtet werden. Ausschlussmechanismen werden in den Zeugnissen identifiziert und die daraus folgende Reproduktion von Normen, Werten, Stereotypen und Bildern, die den Sex-Zwangsarbeiterinnen zugeschrieben werden, herausgearbeitet. In einem weiteren Schritt wird der spezifische Charakter ihrer Objektivierung enttarnt. Weiter wird gezeigt werden, auf welche Weise Unterdrückungsmechanismen intersektional wirken und männlicher Dominanz unterliegen.

Im Vordergrund dieser Arbeit stehen daher vor allem die Kategorien Klasse, Gender und Sexualität. Die Autorin bemüht sich mit dieser interdisziplinären Forschungsarbeit, ein Bewusstsein für jene Erinnerungen und Erfahrungen von Frauen zu schaffen, die verloren gingen, und darüber hinaus deutlich zu machen, wodurch sie ersetzt wurden. Über die mehr als 170 betroffenen Frauen, die Opfer sexueller Zwangsausbeutung in Häftlingsbordellen wurden, ihre Erlebnisse, Erfahrungen und Überlebensstrategien als Opfer sexualisierter Gewalt ist fast nichts bekannt.

„subjects rule objects"[9]: Das Konzept des „Othering"

Das Konzept des „Othering" war für den Erkenntnisprozess dieser Forschungsarbeit sowie für die Identifizierung der Ausschlussmechanismen, ihre Wirkungsweise und Funktionalität grundlegend.

Diese Theorie basiert auf der Feststellung, dass binäres Denken in den meisten Mehrheitsgesellschaften verankert ist. Menschen, Gegenstände und Ideen werden aufgrund ihrer Unterschiede zueinander kategorisiert. Die Binaritäten Mann/Frau, schwarz/weiß, gut/böse und Subjekt/Objekt erlangen daher, so die zugrunde liegende Denkweise, nur durch ihre Gegenüber Bedeutung. Durch die permanente Abgrenzung zum „Anderen" konstituiert sich die Norm bzw. das „Wir" in einem wechselseitigen Prozess. Die binäre Spaltung soll „Identität [...] produzieren und Identifikationen ab[...]sichern"[10]. In diesem Denken wird folglich eine Position oder ein Element als das „Andere/Fremde" objektiviert („Othering") und damit als ein Objekt betrachtet, das beherrscht oder manipuliert werden kann. Beispielsweise ist die Identifizierung von Frauen mit „natürlichen Eigenschaften" zent-

---

[9] Hill Collins, Patricia (2000), Black Feminist Thought. Knowledge, Consciousness, and the Politics of Empowerment, New York: Routledge, S. 71.
[10] Hall, Stuart (1989): Rassismus als ideologischer Diskurs, in: Das Argument 178, Hamburg: Argument Verlag, S. 913-921, hier S. 919.

ral für ihre Objektivierung und Verfügung durch Männer.[11] „Objektivierung" und die simultan geschehende „Subjektivierung" waren daher grundlegend.

Die Dominanz einer Gruppe beinhaltet immer den Versuch, die untergeordnete Gruppe zu objektivieren: „As objects, one's reality is defined by others, one's identity is created by others, one's history named only in ways that define one's relationship to those who are subject"[12]. Auch die Behandlung, die die Sex-Zwangsarbeiterinnen durch die männlichen Häftlinge im Lager erfahren haben, führte zu ihrer Objektivierung. Als Konsequenz bestimmen die Subjekte auch in den Zeugnissen nach dem Krieg über das verfügbare Objekt.

1994 stellen Ulrike Jureit und Karin Orth nochmals die Wichtigkeit der „Alltagsgeschichte" heraus, die durch Oral History erfahrbar gemacht werden kann, um den „[...] Objekten der Geschichte ihre Subjektivität zurückzugeben."[13] Im Fall der männlichen Überlebenden, die Teil der „idealen Opfergemeinschaft" wurden, war dies erfolgreich. Den betroffenen Frauen,

---

[11] Hill Collins, Patricia (2000), Black Feminist Thought, S. 70-71.
Die Theorie des Othering geht ursprünglich auf den Anthropologen Johannes Fabian („Time and the other") zurück, wurde aber in den Postcolonial Studies als intersektionaler bzw. interdependenter Ansatz weiterentwickelt. Auch in der Sozialwissenschaft findet sich eine Rezeption der androzentristisch geprägten Herrschaftsverhältnisse. Pierre Bourdieu (2005), Die männliche Herrschaft, Frankfurt am Main: Suhrkamp Verlag, S. 117 schreibt:
„Die männliche Herrschaft konstruiert die Frauen als symbolische Objekte, deren Sein (esse) ein Wahrgenommen werden (percipi) ist. Das hat zur Folge, dass die Frauen in einen andauernden Zustand körperlicher Verunsicherung oder, besser, symbolischer Abhängigkeit versetzt werden: Sie existieren zuallererst für und durch die Blicke der anderen, d.h. als liebenswürdige, attraktive, verfügbare Objekte. [...] Demgemäß wird tendenziell das Abhängigkeitsverhältnis, in dem sie zu anderen (und nicht nur den Männern) stehen, für ihr Sein konstitutiv."
[12] hooks, bell (1989), Talking back: Thinking Feminist, Thinking Black, Boston: South End Press, S. 42
[13] Jureit, Ulrike/Orth, Karin (1994), Überlebensgeschichten. Gespräche mit Überlebenden des KZ-Neuengamme, Hamburg: Dölling und Galitz, S. 154.

denen sowohl in der KZ-Haft als auch in Freiheit der Status als menschliche Subjekte verwehrt wird, indem sie durch die SS entmenschlicht und später von der „idealen Opfergemeinschaft" als die „Anderen" dargestellt und behandelt werden, wurde dies nicht ermöglicht.[14]

Forschungsliteratur

Meist wird in der aktuellen Forschungsliteratur das Fehlen der Stimmen der ehemaligen Sex-Zwangsarbeiterinnen zwar wahrgenommen und als Missstand interpretiert, aber nicht weiter untersucht. Trotzdem war Christa Schikorras 2001 erschienene Monografie „Kontinuitäten der Ausgrenzung. Asoziale Häftlinge im Frauen-Konzentrationslager Ravensbrück" äußerst hilfreich für die Verortung dieser marginalisierten Häftlingsgruppe im Kontext der Lagerbordelle. Für das im Kanon der Holocaust-Literatur leider immer noch nicht etablierte Feld der sexualisierten Gewalt im Holocaust geben Helga Amesberger, Katrin Auer und Brigitte Halbmayr („Sexualisierte Gewalt. Weibliche Erfahrungen in NS-Konzentrationslagern", 2010) die Richtung sowie hilf- und aufschlussreiche Thesen vor.

Die historischen Fakten zu Lagerbordellen, die aus SS-Unterlagen gesichert werden konnten, lieferte schließlich 2009 Robert Sommer mit „Das KZ-Bordell. Sexuelle Zwangsarbeit in nationalsozialistischen Konzentrationslagern". Darüber hinaus finden seine Thesen und Behauptungen in dieser Publikation jedoch keine Berücksichtigung, da aus Sicht der Autorin auch

---

[14] Zur Bedeutung von Geschlecht als historisch-soziale Kategorie siehe einführend: Wenk, Silke/Eschebach, Insa (2002), Soziales Gedächtnis und Geschlechterdifferenz, in: Eschebach, Insa/Jacobeit, Sigrid/Wenk, Silke (Hg.), Gedächtnis und Geschlecht. Deutungsmuster in Darstellungen des national-sozialistischen Genozids, Frankfurt am Main: Campus Verlag, S. 13-38.

Sommer sexualisierte und sexuelle Gewalt im Rahmen nationalsozialistischer Verbrechen relativiert und verharmlost.[15]

Wolfgang Benz schreibt zur Rolle der Zeitzeug_innen: „Der Erlebende bringt sein Zeugnis als Quelle ein, der Historiker schafft den Rahmen für das Erinnerungsbild, hilft als Interpret oder durch die Bestätigung von faktischen Sachverhalten, gibt dem Zeugnis seinen Platz in der kollektiven Erinnerung und fügt die Summe der Zeugnisse in die Deutung des Geschehens ein."[16]

Diese Forschungsarbeit geht darüber hinaus, benennt Mängel und Ausschlüsse und verrückt den Platz der Sex-Zwangsarbeiterinnen in der Erinnerungskultur an die richtige Stelle, indem sie konstruierte Zuweisungen enttarnt. Auf diese Weise soll sie *eine* mögliche Antwort auf die Unsichtbarkeit sexueller Zwangsarbeit in Konzentrationslager in der Erinnerung wie auch in der Forschung geben.

---

[15] Ausführlich zu dieser Kontinuitätsproblematik in Bezug auf Robert Sommer, siehe Kapitel III.3.
[16] Benz, Wolfgang, Wenn die Zeugen schweigen, in: Dachauer Hefte, 25. Jahrgang 2009 Heft 25, Die Zukunft der Erinnerung, S. 3-16, hier S. 5.

II. Die Konstruktion des „idealen Opfers" in den Zeugnissen des Holocaust nach 1945

Gesellschaftliche Normierungen sowie das Ringen der Überlebenden um Anerkennung der eigenen Position und Erlebnisse beeinflussten früh die Formung eines hör- und sagbaren Holocaustnarrativs. Diese Wechselwirkung ermöglichte es letztlich nur bestimmten Gruppen und Einzelpersonen, ihre Geschichte (also die eines „idealen Opfers") zu erzählen. Daraus entstand auch eine Kluft zwischen Wissenschaft[17] und Zeitzeug_innenberichten, die erst viele Jahrzehnte später durch Perspektivwechsel und notwendige Quellenkritik geschlossen werden konnte. Häufig reproduzierten Überlebende durch gesellschaftliche Einschränkungen auch stereotypisierte Darstellungen, welche die tatsächlichen Zustände oder historischen Fakten überlagerten. Die meisten der unter diesen Voraussetzungen entstandenen Zeugnisse berichten von Leid, das durch harte Arbeit, Hunger, körperliche Schmerzen, Entbehrungen und Ausbeutung gekennzeichnet ist, sowie der Verweigerung von Kollaboration und Korruption und der Widerständigkeit des alltäglichen Überlebens. Diese Kriterien konstituieren die „ideale Opfergemeinschaft".

Im Fall des Untersuchungsgegenstands fand jedoch bisher kaum eine kritische Überprüfung der Zeugnisse statt: Die (zwar teilweise erforschte aber kaum beachtete) Realgeschichte der Lagerbordelle und der Sex-Zwangsarbeiterinnen wurde daher zu großen Teilen durch Zeugnisse anderer ehemaliger Häftlinge überlagert. Obwohl Berichte von Sex-Zwangsarbeiterinnen exis-

---

[17] Auch die Wissenschaft war nicht befreit vom kollektiven Schweigen der ersten Nachkriegsjahre. Erst ab den 1960er Jahren intensivierten sich die Forschungen über die NS-Zeit, blieben jedoch viele Jahrzehnte täterorientiert. Der Holocaust spielte währenddessen kaum eine Rolle.

tieren, werden Leerstellen oder Forschungslücken durch indirekte Erfahrungen und Erlebnisse gefüllt. Das gültige Narrativ bestimmen vor allem jene männlichen ehemaligen Häftlinge, die Bordellbesucher oder Mitwisser waren. Der Informations-, Wahrheits- und persönliche Entlastungsgehalt ihrer Berichte unterlag bisher keiner faktischen Überprüfung, sondern wurde im Gegenteil häufig sogar von Forscher_innen übernommen[18]: Wolfgang Sofsky greift den Tenor dieser Berichte unkritisch in seinem Standardwerk „Die Ordnung des Terrors. Das Konzentrationslager" auf: „Für sexuelle Bedürfnisse hatte er [der prominente Häftling, V.S.] einen jungen Knaben oder eine Hure im Bordell."[19] Auch im Kapitel „Arbeit und Sklaverei", in dem er kurz das Prämiensystem erläutert, wird sexuelle Ausbeutung in Lagerbordellen von ihm etwa nicht als Zwangsarbeit verortet, sondern stattdessen in eine Aufzählung männlicher Privilegien eingefügt: „Sie [die privilegierten Häftlinge, V.S.] durften lange Haare tragen, das Lagerbordell besuchen und in den Kantinen Tabakwaren gegen Prämienscheine kaufen." Ein anderes Beispiel stammt aus Eugen Kogons „Der SS-Staat", in dem er aus soziologischer und aus seiner Perspektive als ehemaliger Häftling das nationalsozialistische KZ-System beschreibt. In diesem vielfach wiederaufgelegten und viel rezipierten Werk heißt es:

„Die mitgebrachten Krankenblätter weisen immerhin überstandene Krankheiten von einer Art aus, die nicht gerade einen übermäßig seriösen Lebenswandel ihrer Vor-KL-Zeit dokumentierte. Bis auf wenige Ausnahmen haben sie sich in ihr Schicksal ziemlich hemmungslos gefügt."[20]

Diese Darstellungsweisen prägen nachhaltig das Bild und die Wahrnehmung der Sex-Zwangsarbeiterinnen in Lagerbordellen

---

[18] Siehe dazu auch die Kritik an Robert Sommer in Kapitel III.3.
[19] Sofsky, Wolfgang (1993), Die Ordnung des Terrors. Das Konzentrationslager, Frankfurt am Main: S. Fischer, S. 176.
[20] Kogon, Eugen (1974), Der SS-Staat. Das System der deutschen Konzentrationslager, München: Kindler Verlag, S. 194.

und waren diesbezüglich auch maßgeblich für das „ideale Opfernarrativ".[21]

Wie bereits angemerkt, stehen im folgenden Kapitel Genese und Definition des „idealen Opfers" und seiner Gemeinschaft im Zentrum. Da es sich hierbei um ein für diese Forschungsarbeit entwickeltes Begriffsinstrumentarium handelt, wird beides ausführlich in den nächsten drei Unterkapiteln erläutert. Zunächst wird ein einführender Überblick über Zugehörigkeiten, Kontinuitäten und Brüche sowie die Agenda der „Häftlingsgesellschaft"[22] gegeben. Hierbei sind sowohl die Zeiträume während und nach der Konzentrationslagerhaft als auch die gesellschaftliche Rezeption der Überlebendenschicksale von Interesse. Im Weiteren wird gezeigt, wie dies zusammen die Grundlage für das Entstehen der „idealen Opfergemeinschaft" bildete und welche Überlebenden von ihr aus welchen Gründen ausgeschlossen wurden. Die Bedeutung der Kategorie Gender für diese „ideale Opfergemeinschaft" der Nachkriegszeit bildet den zweiten Teil des Kapitels.

1. Exkurs zur Häftlingsgesellschaft im Zeitraum von 1940 bis 1945

Die Struktur der Konzentrationslager wurde in den zwölf Jahren nationalsozialistischer Herrschaft einem starken Wandel unterzogen. Dieser war unter anderem abhängig vom jeweiligen Lager und den Absichten der SS, der die Lager unterstanden. Sie entschied darüber, wer in welchem KZ inhaftiert wurde und wie

---

[21] Weitere Beispiele werden in Kapitel III.3. angeführt, nachdem sowohl der Begriff „ideales Opfer" als auch der Umgang der Forschung mit sexualisierter Gewalt und die Realgeschichte der Lagerbordelle dargestellt wurden.
[22] „Häftlingsgesellschaft" war weder offizieller SS-Terminus, noch war er unter den Häftlingen gebräuchlich. Erstmals verwendete ihn Eugen Kogon in „Der SS-Staat" (1946). In Literatur und Forschung hat sich dieser Begriff jedoch durchgesetzt und wird auch im Folgenden verwendet.

mit den Häftlingen umgegangen wurde, um sie bestmöglich „beherrschen und verwerten" zu können.[23] Bis Oktober 1938 waren 70 Prozent aller Häftlinge in den KZ als „Asoziale" kategorisiert. Zwei Jahre später waren vor allem Frauen von der „Asozialen"-Verfolgung betroffen und kamen im Zuge der Aktion „Arbeitsscheu Reich" in Vorbeugehaft. Die angeblichen Gründe hierfür waren Arbeitsverweigerung, Geschlechtskrankheiten und „Gewerbeunzucht".[24] Ab 1940 änderte sich die gesamte Häftlingszusammensetzung grundlegend: Deutsche Häftlinge gerieten nun zur Minderheit in den KZ, da durch Verschleppung tausende Menschen aus den besetzten Gebieten unter nationalsozialistische Herrschaft fielen. Die ursprünglich politischen Verfolgungsgründe wichen nun einer rassistischen Vernichtungspolitik und führten so zu einer „Internationalisierung" der Häftlingsgemeinschaft. Das Verhältnis der Häftlinge untereinander, die Zusammensetzung der Häftlingsgruppen zur Häftlingsgemeinschaft wurden durch die Strategien, (rassistischen) Wertevorstellungen und Ziele des SS-Personals, der Gestapo und der Wachmannschaften der SS-Totenkopfverbände bestimmt.[25] Die Häftlingsgesellschaft war daher von Verhältnissen geprägt, zu denen

„[...] Herrschaft und Unterordnung, Arbeit und Ausbeutung, Organisiertheit und Spontaneität, Ordnung und Chaos, Privilegien und Benachteiligungen, Sattheit und Hunger, Vorteilsnahmen und Verbrechen von Bestechung und Korruption bis zu Denunziation, Diebstahl, Körperverletzung und Totschlag, aber auch gegenseitige Hilfe, Solidarität und Widerstand [...]"[26]

---

[23] Pätzold, Kurt (2005), Häftlingsgesellschaft, in: Benz, Wolfgang/Distl, Barbara (Hg.), Der Ort des Terrors, Band I. Die Organisation des Terrors, München: C.H. Beck, S. 110-125, hier S. 112.
[24] Eberle, Annette (2005), Häftlingskategorien und Kennzeichnungen, in: Benz, Wolfgang/Distl, Barbara (Hg.), Der Ort des Terrors, Band I. Die Organisation des Terrors, München: C.H. Beck, S. 91-109, hier S. 97.
[25] Pätzold, Kurt (2005), Häftlingsgesellschaft, S. 111-112.
[26] Ebd., S. 111.

gehörten. Über allem stand die SS, die über die Gesetze innerhalb der Konzentrationslager bestimmte.

Von der SS vorgegeben war die Hierarchisierung der Häftlingsgesellschaft in Häftlingselite und Häftlingsmehrheit. Erstere besaß (begrenzte und von der SS zugelassene) Macht und Einfluss, Letztere war davon ausgeschlossen. Die so genannten Funktionshäftlinge bekamen Aufgaben übertragen, die es der SS ermöglichten, den Personalaufwand in den Lagern gering zu halten. Diese Stellung hob sie von den anderen Häftlingen ab, da sie ihnen gegenüber mehr Rechte und Vorteile hatten. Dazu gehörten etwa die Freistellung von bestimmten Arbeitskommandos, bessere Kleidung, eine eigene Schlafstätte und die Möglichkeit, „Prämienscheine"[27] unter anderem für den Bordellbesuch zu erhalten. Auf Seiten der SS galt es abzuwägen, welche Häftlingsgruppen für die eigenen Zwecke instrumentalisiert werden sollten, um das Lager mit wenig Aufwand zu sichern, zu disziplinieren und Arbeitseffizienz zu gewährleisten. Auf der Häftlingsseite brachte die Übernahme des Funktionshäftlings-Status auch die Bereitschaft mit sich, andere Häftlinge gemäß den Befehlen der SS zu drangsalieren.[28] Obwohl die Funktionshäftlinge oft mehr und bessere Lebensmittel organisieren und begrenzten Schutz bieten konnten, waren die Möglichkeiten der Hilfe und Unterstützung für andere Häftlinge im Vergleich dazu äußerst gering.[29] Auch die „Funktionshäftlinge", die insgesamt etwa ein Prozent aller KZ-Insassen ausmachten und die für diese Forschungsarbeit aufgrund ihrer privilegierten Stellung und dem damit verbundenen Zugang zum Lagerbordell von wesentlicher Bedeutung sind, zähl-

---

[27] Die SS installierte 1942 in den Konzentrationslagern ein „Prämiensystem", durch das privilegierte Häftlinge besondere Vergütungen erhalten konnten. Ausführlich dazu, siehe Kapitel III.2.
[28] Pätzold, Kurt (2005), Häftlingsgesellschaft, S. 121.
[29] Pätzold, Kurt (2005), Häftlingsgesellschaft, S. 119, 121, 123.

ten zur Häftlingsgesellschaft, da auch sie der SS trotz ihrer Sonderfunktion rechtlos gegenüberstanden.[30]

Die Struktur der Häftlingsgemeinschaft wurde jedoch nicht nur von außen bestimmt, sondern setzte sich auch in internen Hierarchien fort, die sich an die Häftlingsklassifizierung der SS anlehnte. Das von ihr verwendete Winkelsystem, war ein „ [...] Kategoriensystem der Ungleichheit, das die Identität der Häftlinge brechen und ihre Solidarstrukturen zerstören sollte [...]"[31]. Die Häftlinge selbst bildeten in der Folge und auf der Grundlage dieser Zugehörigkeit „Abgrenzungsidentitäten" gegenüber anderen Häftlingsgruppen.

An der Spitze dieses Gesellschaftssystems standen deutsche BV-Häftlinge[32] und deutsche „politische" Häftlinge. Die Mitte bildeten die „Bibelforscher_innen" und die „Asozialen". Auf der untersten Stufe der ideologisch-rassistischen Kategorisierung standen Jüd_innen, Sinti und Roma sowie Homosexuelle. Ebenso war der „Wert" der Nationalität ein entscheidendes Kriterium für den Status und die Lebensbedingungen in den Lagern. Häufig wurde das nationale Kollektiv auch zum zentralen konstituierenden Moment der Solidarisierung und damit der Gruppenbildung unter den Häftlingen.[33] „Asoziale" Häftlinge waren hingegen häufig isoliert und litten unter Vereinzelung, da sie vom Gros der Häftlingsgesellschaft aufgrund ihrer Position verachtet und ignoriert wurden.[34]

In den Konzentrationslagern trafen durch die Zusammenstellung der Häftlinge unterschiedliche Erfahrungen, Werte und Moralvorstellungen aus verschiedenen Milieus und Klassen aufeinander. Sie waren von zentraler Bedeutung für das soziale Gefüge

---

[30] Ebd., S. 111.
[31] Eberle, Annette (2005), Häftlingskategorien und Kennzeichnungen, S. 101.
[32] Meist wird „BV2 in der Forschung als „Befristete Vorbeugungshaft" ausgelegt. Diese Bezeichnung ist jedoch umstritten.
[33] Amesberger, Helga/Auer, Katrin/Halbmayr, Brigitte (2010), Sexualisierte Gewalt, S. 37.
[34] Pätzold, Kurt (2005), Häftlingsgesellschaft, S. 116-117.

der Häftlinge: Die Beziehungen zwischen den Gruppen der Häftlingsgesellschaft waren partiell von Solidarität und Unterstützung geprägt, wurden jedoch hauptsächlich von Misstrauen, Missgunst, Streit und Feindschaft dominiert. Die Abgrenzung der jeweiligen Häftlingsgruppen nach außen war politisch bedingt, diente dem Schutz oder war aufgrund einer Verständigungsbarriere auf Sprach- oder Wertebasis nicht möglich oder gewollt.[35]

Auch die Wahrnehmung der „Anderen" war durch diese Weltbilder der Vor-KZ-Zeit geprägt. So wollten beispielsweise die „politischen" Häftlinge nichts mit den „Asozialen" zu tun haben. Diese erzwungene Gemeinschaft innerhalb der „Häftlingsgesellschaft" wurde von ihnen als große Strafe empfunden. Dies verdeutlicht, wie sehr Vorurteilsstrukturen von außen noch im KZ wirksam und daher auf andere Gruppen leicht anwendbar waren.[36] Einerseits muss diese Form der Abgrenzung zwar als Identitätspolitik verstanden werden: sich selbst an diesem Ort einen Sinn geben und die Entmenschlichung aufhalten oder verhindern, indem „andere" erniedrigt werden oder schlecht über sie gesprochen wird.[37] Andererseits funktionierte diese Behauptungsstrategie ob der Übermacht der SS nur gegen Mithäftlinge. Die Konsequenzen waren die Spaltung der Häftlingsgesellschaft und die Stärkung der Macht der SS auf Kosten Unschuldiger.

Wie in den folgenden Kapiteln ersichtlich werden wird, reproduzierte diese Abgrenzung von den „anderen" Häftlingen Bilder, Normen, Stereotype und Werte einer Gesellschaft, die unerreichbar außerhalb der Lager lagen. Trotzdem waren sie im KZ-System noch wirkmächtig, wurden dort größtenteils beibehalten und verloren auch nach dem Krieg nicht ihre Gültigkeit. Folglich flossen

---

[35] Ebd., S. 116-117.
[36] Schikorra, Christa (2001), Kontinuitäten der Ausgrenzung. Asoziale Häftlinge im Frauen-Konzentrationslager Ravensbrück, Berlin: Metropol, S. 212.
[37] Ebd., S. 210, 216-217.
Dies ist ein weiteres Beispiel für die Funktion des in der Einleitung beschriebenen „Otherings": Die Subjektposition wird durch Objektivierung gesichert.

sie ebenso in zahlreiche Zeugnisse ein: Die meisten der frühen Berichte über Konzentrationslager im Reichsgebiet stammen von ehemaligen „politischen" Häftlingen, die mit den Lebensrealitäten der Häftlingsrandgruppen oft nicht vertraut waren. Die darin vermittelten, indifferenten Bilder betreffen auch das Häftlingsschicksal der Sex-Zwangsarbeiterinnen. Diese Darstellungen werten ihr Leid ab und das Verhalten der „Politischen" auf.[38]

2. Die Entstehung und Entwicklung des Begriffs des „idealen Opfers" nach 1945

Obwohl relativ viele Überlebende nach Kriegsende Berichte über das Erlebte verfassten, wurde ihnen weder Aufmerksamkeit geschenkt noch waren die Berichte einer breiten Öffentlichkeit zugänglich. Im Fokus der Erinnerungskultur der meisten europäischen Staaten stand zu diesem Zeitpunkt das Gedenken des eigenen Leids und nicht eine Auseinandersetzung mit den eigenen Taten beziehungsweise ihrer Konsequenzen und Opfer. Hinzu kam, dass in diesen „Ausgrenzungsgesellschaften" Kollaboration in Bezug auf die nationalsozialistische Judenverfolgung ausgeblendet und die Alleinschuld auf Deutschland verlagert wurde.[39]

---

[38] Ebd., S. 217.
[39] Uhl, Heidemarie (2012), Die Entdeckung des Zeitzeugen, in: Sabrow, Martin, Der Zeitzeuge als Wanderer zwischen zwei Welten, in: Sabrow, Martin/Frei, Norbert (Hg.), Die Geburt des Zeitzeugen nach 1945, Göttingen: Wallstein Verlag, S. 224-246, hier S. 233-234.

Erinnerung an Heldentum und Widerstand

Das Widerstandsnarrativ bildete dann in den 1950er und 1960er Jahren den Mittelpunkt der europäischen Nationalgeschichte. Daher etablierten sich vor allem in der DDR („politische" Häftlinge) und Israel („jüdische" Häftlinge) Häftlingsberichte, die von Heldentum und bewaffnetem Kampf erzählten. Zu Beginn war damit auch die „ideale Opfergemeinschaft" beschränkt auf diese Zeugnisse, die erst mit der Zeit erweitert und modifiziert wurden, aber immer nur bestimmte Häftlinge einschloss und andere ausgrenzte. In Europa wurden jüdische Überlebende zu dieser Zeit überhaupt nicht gehört und die BRD richtete sich in ihrer generellen Kollektivamnesie gegenüber der jüngsten Vergangenheit ein.[40] Dort erfuhr der Holocaust nach dem Ende des Zweiten Weltkriegs kaum Beachtung, vielmehr wurde er aktiv verdrängt. Das lag unter anderem am immer noch vorherrschenden latenten Antisemitismus, der fehlenden Auseinandersetzungsbereitschaft, die gekoppelt war mit einem schwammigen Bewusstsein von der eigenen Schuld.[41] Die wenigen „ [...] Berichte der nichtjüdischen Zeitzeugen und der Täter lassen sich in der Regel in „den Rahmen kultureller Erinnerungsmuster" der deutschen Nachkriegsgesellschaft einpassen und machen somit eine theoretisch fundierte Erfassung des Aktes und der Bedingungen der Zeugenschaft nicht erforderlich."[42]

Für die zeugnisablegenden Überlebenden bedeutete diese eingeschränkte Zuwendung jedoch nicht, dass sie ihre Erfahrungen

---

[40] Welzer, Harald (2012), Vom Zeit- zum Zukunftszeugen: Vorschläge zur Modernisierung der Erinnerungskultur, in: Sabrow, Martin (Hg.), Der Zeitzeuge als Wanderer zwischen zwei Welten, in: Sabrow, Martin/ Frei, Norbert (Hg.), Die Geburt des Zeitzeugen nach 1945, Göttingen: Wallstein Verlag, S. 33-48, S. 43 und: Uhl, Heidemarie (2012), Die Entdeckung des Zeitzeugen, S. 234.
[41] Uhl, Heidemarie (2012), Die Entdeckung des Zeitzeugen, S. 233.
[42] Baer, Ulrich (2000), Einleitung, in: Baer, Ulrich (Hg.) Niemand zeugt für den Zeugen. Erinnerungskultur nach der Shoah, Frankfurt am Main: Suhrkamp Verlag, S. 7-31, hier S. 13.

beliebig erzählen konnten. In der DDR ergänzten ehemals „politische" Häftlinge den antifaschistischen Gründungsmythos des Staates durch ihre Erlebnisse. Die „idealen Opfer" Israels mussten eine gesellschaftliche Erwartungshaltung von Kampf und Freiheit bedienen, von solchen Überlebenden, die sich nicht wie die „Schafe zur Schlachtbank"[43] führen ließen.[44] Wie bedacht diese Erinnerungsberichte abgelegt werden mussten, zeigt die restriktive Gesetzeslage beider Staaten: In Israel entstand beispielsweise das „Gesetz zur Bestrafung von Nazis und deren Helfershelfern"[45], in der DDR stellte „Asozialität" weiterhin einen Straftatbestand dar.[46] Ebenso wurden „politische" Verfehlungen gerügt oder zo-

---

[43] Dieses Zitat hat seinen Ursprung im Alten Testament (Jeremias 11,19 und Jesaiah 53,7), fand Verwendung in dem von Abba Kovner verfassten und verteilten Flugblatt im Warschauer Ghetto und wurde auch in den frühen 1950ern vom israelischen Erziehungsministerium für den Titel einer Broschüre über den Holocaust wieder aufgegriffen.

[44] Erst mit dem Eichmann-Prozess in Jerusalem 1961 begannen allmähliche andere, vor allem jüdische Zeug_innen zu sprechen. Der Prozess gegen Adolf Eichmann in Jerusalem gilt als Moment des Umbruchs, der die „Entstehung des Zeugen" (vgl. Wieviorka, Annette (2000), „Die Entstehung des Zeugen", in: Smith, Gary (Hg.), Arendt Revisited, Frankfurt: Suhrkamp Verlag, S. 136-159, hier S. 152.) markiert. Wieviorka beschreibt mit dieser Terminologie die Entstehung und Herausbildung eines Zeug_innentypus, der als „Erinnerungs-Mensch" (ebd., S. 136.) die Funktion eines „Trägers von Geschichte" (ebd., S. 152.) übernimmt. Das rein heroisierende Holocaustgedenken war damit zumindest in Israel überwunden. Historisch betrachtet gilt der Eichmann-Prozess daher auch als die Wiederherstellung der Würde der Zeug_innen, ihrer Artikulationsmöglichkeit und die Veränderung ihrer Rolle in der Gesellschaft in Israel.[37] „Mit dem Eichmann-Prozess und dem Auftauchen des Zeugen als Erinnerungs-Mensch, der belegen konnte, dass die Vergangenheit war und nach wie vor ist", betont Annette Wieviorka, „wurde der Genozid zu einer Abfolge individueller Erfahrungen, mit denen die Öffentlichkeit sich identifizieren konnte." (ebd.).

[45] Das Gesetz wurde 1950 von der Knesset verabschiedet und zielte vorrangig darauf ab, ehemalige Kapos und vermeintliche jüdische Kollaborateure zu bestrafen. Vgl. Yablonka, Hanna (2003), The Development of Holocaust Consciousness in Israel: The Nuremberg, Kapos, Kastner, and Eichmann Trials, in: Israel Studies, Volume 8, Number 3, Fall 2003, p. 1-24, hier S. 11-12.

[46] Schikorra, Christa (2001), Kontinuitäten der Ausgrenzung, S. 197.

gen Ermittlungen nach sich. Kollaboration, Haftgründe oder Verhaltensweisen konnten also zum Ausschluss aus der „idealen Opfergemeinschaft" führen und erneut Restriktionen nach sich ziehen. Um dies zu verhindern, mussten die Überlebenden über das eigene Schicksal schweigen oder eine Umdeutung ihrer Vergangenheit vornehmen.

In der bundesrepublikanischen Gesetzgebung wurde die gesellschaftliche Marginalisierung der ehemaligen Häftlinge in den so genannten Entschädigungsverfahren der Nachkriegszeit deutlich. Sowohl in der BRD als auch in der DDR erhielten Überlebende, die den schwarzen, grünen, rosa oder braunen Winkel[47] während ihrer KZ-Haft tragen mussten, keine Entschädigung. Dies wurde damit begründet, dass nur jene Opfer als solche galten und folglich auch entschädigt wurden, die einen individuellen Nachweis für eine politische, religiöse oder rassistische Verfolgung erbringen konnten. Alle anderen wurden offiziell von beiden Staaten weder als Verfolgte noch als Opfer nationalsozialistischer Verbrechen anerkannt. Demzufolge erhielten auch die ehemaligen Sex-Zwangsarbeiterinnen keine Entschädigung, da der Großteil von ihnen als „Asoziale" in den Lagern kategorisiert und stigmatisiert war und dies auch blieb. Erst ab den 1980er Jahren wurden einige der Betroffenen entschädigt und im Jahr 2000 wurde erstmals ein Entschädigungsfonds für Zwangsarbeiterinnen eingerichtet.[48]

Dies hing auch damit zusammen, dass in der BRD die Serie „Holocaust – Die Geschichte der Familie Weiss"[49] zu Beginn der 1980er Jahre ein breites Umdenken innerhalb der Gesellschaft mit sich brachte und der Holocaust erstmals breite, öffentliche Relevanz und Diskussion erfuhr.[50] Das Verständnis für

---

[47] Die Winkelfarben entsprachen folgenden Kategorien: schwarz/braun=„Asoziale", grün=„Kriminelle in befristeter Vorbeugehaft", rosa=„Homosexuelle".
[48] Eberle, Annette (2005), Häftlingskategorien und Kennzeichnungen, S. 102.
[49] Im Original: „Holocaust" (1978), USA/Deutschland, 419 Minuten.
[50] Der Serie „Holocaust" gingen allerdings auch jahrzehntelange Bemühungen von Verfolgtenorganisationen und Einzelkämpfer_innen um die gesellschaft-

Zeitzeug_innen sowie der Umgang mit ihren Zeugnissen veränderte sich und transformierte die Überlebenden zur „ultimative[n] Instanz des Erzählens"[51]. Hier fand nun auch die teilweise Verschiebung der Häftlingskategorien statt: hatten die Jüd_innen im KZ auf der untersten Stufe des rassistischen Klassifizierungssystems gestanden, befanden sie sich nun an der Spitze eines sich neu formierenden Erinnerungsdiskurses. Für die „asozialen" Häftlinge interessierte sich die Gesellschaft nach wie vor nicht, sie wurden endgültig zu den „vergessenen Opfern" des Holocaust. Es sollte auch erst in diesem Jahrzehnt die Vernichtungspolitik gegenüber den Jüd_innen als das zentrale Element des Nationalsozialismus in Wissenschaft und Gesellschaft akzeptiert werden. Ihre individuellen Opfererfahrungen rückten in den Blick der Historiographie, die bis dato die nationalsozialistische Verfolgungsgeschichte auf Täter-Überlieferungen gegründet hatte.

Die Medialisierung der Zeitzeug_innen, die zehn Jahre später durch Projekte wie das Visual History Archive[52] initialisiert wurde, erfüllte eine neue Funktion im Umgang mit den Erinnerungen an den Holocaust: die „Grenzen des Sagbaren"[53] wurden neu definiert und dienten nun dem „Lernen aus der Geschichte". Verbunden mit dieser neuen Funktion sind eine „moralische Überhöhung und die sakrale Aura des Sprechaktes"[54], die wiederum nach einer klaren Opfer-Täter-Dichotomie verlangen

---

liche, politische und juristische Konfrontation mit dem Nationalsozialismus voraus. An dieser Stelle sollen dafür stellvertrend Reinhold Strecker und Thomas Harlan, die VVN, der frühe SDS, Fritz Bauer, die Lagergemeinschaften sowie Beate Klarsfeld genannt werden. Dank ihnen begann das Umdenken bereits Mitte der 1960er Jahre. Aber erst die Serie „Holocaust" machte das Umdenken auch massenmedial möglich.

[51] Uhl, Heidemarie (2012), Die Entdeckung des Zeitzeugen, S. 224.
[52] Ein Videoarchiv, das von Steven Spielberg gegründet wurde. Es beinhaltet etwa 52.000 Interviews mit Zeug_innen des Holocaust und ist unter anderem an der FU Berlin zugänglich.
[53] Pollak, zitiert in: Uhl, Heidemarie (2012), Die Entdeckung des Zeitzeugen, S. 242.
[54] Ebd.

und eine eindeutige Grenze zwischen Schuld und Unschuld ziehen. Daher haben „Irritation und Verstörung durch die aufgezwungenen Überlebensstrategien in der Extremsituation der nationalsozialistischen Konzentrations- und Vernichtungslager […] in den Zeitzeugenberichten in der Regel keinen Platz"[55]. Dies gilt sowohl in Bezug auf die eigene Geschichte als auch auf die Geschichte anderer.[56] Die Bedingungen der Zugehörigkeit zur „idealen Opfergemeinschaft" wurden damit zwar vereinfacht, blieben im Kern aber bestehen.[57] Browning hält die Zeugnisse aus den 1990er Jahren hingegen für wertvolle Quellen, in denen häufiger Tabuthemen angesprochen wurden, die vorher undenkbar waren.[58] Dies trifft zwar auch auf die Lagerbordelle zu, trotzdem

---

[55] Ebd.

[56] Ebd., S. 232-233, 224-225.

[57] Die gesellschaftliche Ächtung von Sexarbeit, auch wenn sie in den Lagern erzwungen wurde, übte Druck von außen auf die Berichtenden aus, beeinflusste aber auch die Art und Weise, wie sie selbst über die Frauen sprachen. Die Tabuisierung von Sex-Zwangsarbeit in Lagerbordellen nach dem Krieg war bedingt durch eine Wechselwirkung: Sprachen viele Überlebende am Anfang von den Bordellen, um eine umfangreiche Geschichte des KZ-Systems zu präsentieren, verstummten diese bald. Die frühen Beschreibungen jener Häftlinge, die das Lagerbordell besuchten, sollten zunächst ein bestimmtes Männlichkeitsbild vermitteln, das sie sich in den Lagern auf diese Weise bewahren konnten. Die Subjektposition der Frau wurde dadurch aufgehoben, aber diese Erzählung war kurz nach dem Krieg identitätssichernd für die Männer (Vgl. Eschebach, Insa/Mühlhäuser, Regina (2008), Krieg und Geschlecht, Berlin: Metropol, S. 20). Die gesellschaftlichen Reaktionen führten aber zu Bedenken bei den Überlebenden, dass die Schrecken im Lager relativiert werden könnten. Häufig hatten auch die Männer selbst ein großes Interesse an diesem beidseitigen Stillschweigen, da sonst ihre eigenen Verstrickungen in das Lagerbordell aufgedeckt worden wären (Vgl. Amesberger, Helga/Auer, Katrin/Halbmayr, Brigitte (2010), Sexualisierte Gewalt, S.101). Im Laufe der Zeit wurde die „ideale Opfergemeinschaft" zu einer Bewegung, die als Gruppe Gehör und Anerkennung erreichen wollte, und daher repressiv auf andere Überlebende einwirkte. Ihre Berichte und das darin geschilderte Leid wurden zum „Primat der „authentischen" Zeugenschaft" (Baer, Ulrich (2000), Einleitung, S. 19).

[58] Browning, Christopher (2011), Remembering Survival, in: Past Forward: The Digest of the USC Shoah Foundation Institute For Visual History and Education, Edition of Spring 2011, S. 18-19, hier S. 19, unter:

bleibt zu bedenken, dass auch dieses Tabuthema von den meisten Überlebenden zuerst selbst verschwiegen, dann zensiert oder umgedeutet wurde.

Dieser historische und gesellschaftliche Kontext, der das Weiterleben der Überlebenden rahmte und ihre Möglichkeiten des Sprechens bestimmte, bildet die Voraussetzung für die Entstehung des „idealen Opfers" und seiner Gemeinschaft. Kontinuitäten nationalsozialistischer Diskriminierung und Klassifikationen, die Bestimmung von Wert und Unwert erlittenen Leids durch deutsche Behörden, die völlige Ignoranz einer Mehrheitsgesellschaft gegenüber den geschehenen Verbrechen erschwerte es den Überlebenden erheblich, ihren Platz in den Nachkriegsgesellschaften zu finden. Eine Möglichkeit, als Zeug_in und Überlebende_r gehört zu werden, bestand im Erfüllen von Erwartungen: Diese waren entweder an Heldentum geknüpft oder verlangten, dass jeder Zweifel der Kollaboration durch die Zeitzeug_innen ausgeräumt wurde: „Seine Erinnerung und Erzählung verfertigt und überschreibt er aus dieser Funktion [des Erzählers, V.S.] heraus, gestaltet sie so, wie er erwartet, dass seine Zuhörer erwarten, dass er sie gestalten wird."[59]

Maurice Halbwachs folgend ist jedes individuelle Erinnern sozial gerahmt und damit kollektiv konstituiert.[60] Für die Überlebenden des Holocaust bedeutete dies in den ersten Nachkriegsjahrzehnten, dass nur jene Erinnerungen einen Platz im öffentlichen Gedächtnis oder Relevanzsystem fanden, die die Erwartungen der Mehrheitsgesellschaft erfüllten: „Um seine auratische Kraft als Mittler zwischen Vergangenheit und Gegenwart ausbeuten zu können, muss der Zeitzeuge daher eine Reihe von Anpassungsprozeduren durchlaufen und Zulassungsschranken überwin-

---

http://sfi.usc.edu/sites/default/files/docfiles/PF_spring13_rev2_7.25_pgs.pdf (Stand: 25.07.2017).
[59] Welzer, Harald (2012), Vom Zeit- zum Zukunftszeugen, S. 33.
[60] Halbwachs, Maurice (1991), Das kollektive Gedächtnis, Frankfurt am Main: Fischer Verlag.

den, die seinen Opferstatus sichern oder im Extremfall auch seine mögliche Täterrolle kaschieren [...]."[61]

3. Gender – eine vernachlässigte Kategorie in der „idealen Opfergemeinschaft"

Für die Erinnerung von Geschichte spielt Gender als historisch-soziale Kategorie eine wesentliche Rolle: zum einen werden durch sie den Menschen, die an historischen Ereignissen beteiligt waren, bestimmte vermeintlich „natürliche" Eigenschaften aufgrund ihres „biologischen Geschlechts" zugeschrieben, zum anderen prägt sie auch die Gesellschaft, in der erinnert wird, und versorgt diese mit tradierten und angenommen „natürlichen" Vorstellungen. Eine besondere Funktion haben dabei die gesellschaftlichen „Stereotypenrepertoires"[62], die auch bestimmte Geschlechterbilder beinhalten. Werden Schicksale von Frauen im Holocaust dargestellt, bleiben sie in vermeintlich weiblichen Darstellungen verhaftet und charakterisieren die Frauen als fürsorgende Mütter, sich aufopfernde Ehefrauen oder liebevolle Schwestern. Frauen erhalten Zugang zur „idealen Opfergemeinschaft", indem sie auf bereits akzeptierte Bilder rekurrieren.[63] Geschlechtsspezifische Verfolgung von Frauen und Gewalt gegen sie bleiben hingegen aufgrund der Subsumierung unter ein männliches und damit allgemein gültiges Schicksal sowie der fehlenden Bereitschaft der Zuhörer_innenschaft, sich diesem auszusetzen, oft unbenannt.

---

[61] Sabrow, Martin (2012), Der Zeitzeuge als Wanderer zwischen zwei Welten, in: Sabrow, Martin/Frei, Norbert (Hg.), Die Geburt des Zeitzeugen nach 1945, Göttingen: Wallstein Verlag, S. 13-32, hier S. 29.
[62] Wenk, Silke/Eschebach, Insa (2002), Soziales Gedächtnis und Geschlechterdifferenz, S. 24.
[63] Ebd., S. 13-18.

Raul Hilberg stellt in „Täter, Opfer, Zuschauer" fest, dass „der Weg zur Vernichtung [...] durch Ereignisse markiert [war], die Männer speziell als Männer, Frauen speziell als Frauen betrafen."[64] Trotzdem war es auch in der Holocaustforschung bis weit in die 1990er hinein Usus, Gender als signifikanten Faktor außer Acht zu lassen. Die historischen Untersuchungen der Vernichtung der europäischen Jüd_innen kannten lange Zeit nur die Kategorie der „Überlebenden". Forscher_innen berichteten dabei aus einer Perspektive, die auf das Leben von Männern konzentriert war, was dazu führte, dass Erfahrungen von Frauen in dieser Beschreibung männlichen Lebens vereinnahmt wurden. Dieses allgemeine, universale Bezugssystem ignorierte die Erfahrungen, die Frauen während des Holocaust gemacht hatten, oder ließ nur stereotype Betrachtungsweisen und Blickwinkel auf Frauen und deren Rollen im Widerstand und im Überlebenskampf zu.

Joan Ringelheim stellte Mitte der 1980er Jahre fest, dass „the stories told seem to erase or obscure women"[65], womit sie auf diskursive Leerstellen nicht nur in der Wissenschaft, sondern auch in der Gedächtnispolitik hinwies. Verursacht wurde dies unter anderem von der Geringschätzung der Zeugnisse weiblicher Überlebender, da die Berichte lange Zeit als unwesentlich galten. Anstatt sie zu nutzen, um Forschungslücken zu schließen, wurde das Leben der Frauen im Holocaust auf eine Hintergrunderzählung reduziert. Männliche Erinnerungen genügten oftmals, um ein „ideales Narrativ" zu etablieren.[66] Auch Ruth Klüger bringt diese Diskrepanz in der Rezeption des Holocaust zum Ausdruck: „Frauen haben keine Vergangenheit. Oder haben keine zu haben. Ist unfein, fast unanständig."[67]

---

[64] Hilberg, Raul (1992), Täter, Opfer, Zuschauer. Die Vernichtung der Juden 1933-1945, Frankfurt am Main: Fischer Verlag, S. 145.
[65] Ringelheim Joan (1984), „The Unethical and the Unspeakable: Women and the Holocaust", in: Levi, Neil/Rothberg, Michael (Hg.), The Holocaust: Theoretical Readings, New Brunswick: Rutgers University Press, S. 169-177, hier S. 170.
[66] Ebd., S. 169-170, 175-176.
[67] Klüger, Ruth (1993), weiter leben: eine Jugend, Göttingen: Wallstein, S.10.

Beeinflusst wird diese angeblich genderneutrale Geschichte des Holocaust auch durch Hindernisse bei der Erforschung. Der Großteil sehr guter Zeuginnen-Literatur ist vergriffen oder nur schwer zugänglich.[68] Weibliche Überlebende gehen darin in Interviews durchaus auf ihre spezifische Viktimisierung, auf ihre sexuelle Verletzlichkeit als Frauen ein und berichten von sexuellen Demütigungen, sexueller Zwangsarbeit, Vergewaltigungen, Schwangerschaften und Zwangsabtreibungen. Erinnerungen, die immer noch kaum die gesellschaftlich normierte und geforderte Erzählweise erfüllen. Diese Frauen sprechen aber genauso von Freundschaften, Beziehungen, Widerstand und Überleben wie ihre männlichen Leidensgenossen.[69]

Immer mehr Wissenschaftler_innen beschäftigten sich schließlich aus feministischer Perspektive mit diesen Leerstellen und fingen an, die Realitäten der Verfolgung und Vernichtung zu hinterfragen. Sie stellten die Repräsentation der Viktimisierung der Frauen, bedingt durch soziale und kulturelle Objektivierung, in Frage. Da Geschlechtsidentitäten konstruiert sind, müssen sie innerhalb sozialer Kontexte immer wieder performativ hergestellt werden.[70] Auch die historischen Subjekte waren ab einem bestimmten Punkt in der Verfolgung gezwungen, ihre Identität als verformbar zu begreifen, etwa bei der Ankunft in den Konzentrationslagern oder wenn sie sich plötzlich in der Rolle der

---

[68] Baumel, Judith Tydor (2000), You Said the Words You Wanted Me to Hear but I Heard The Words You Couldn't Bring Yourself to Say: Women's First Person Accounts of the Holocaust", in: The Oral History Review, Vol. 27, No. 1 (Winter - Spring, 2000), http://www.jstor.org/stable/3675505, S. 17-56, hier S. 56 (Stand: 23.07.2017) und bspw. die Berichte von zwei Sex-Zwangsarbeiterinnen, die nur im Archiv der Gedenkstätte Neuengamme zugänglich sind.
[69] Ringelheim, Joan (1985), Women and the Holocaust: A Reconsideration of Research, in: Signs, Vol. 10, No. 4, Communities of Women (Summer, 1985), S. 741-761, hier S. 743, 745, unter: http://www.jstor.org/stable/3174312, (Stand: 23.07.2017).
[70] Weiterführend hierzu: Butler, Judith (2003), Das Unbehagen der Geschlechter, Frankfurt am Main: Suhrkamp Verlag.

Selbstversorgerin, Partisanin oder der Sex-Zwangsarbeiterin wieder fanden.[71]

Gegenderte Gewalt in Zeugnissen

In vielen Berichten nach dem Krieg wurde (auch aufgrund der herrschenden Rezeption der nationalsozialistischen Verbrechen) erlebte oder miterlebte Gewalt nur noch auf das Verhältnis zwischen Opfer (Häftling) und Täter (SS-Mann) übertragen. Konflikte oder Gewaltbeziehungen innerhalb der Häftlingsgesellschaft blieben vorerst im Dunkeln. Diese Erlebnisse passten nicht in das geordnete Bild, das die „ideale Opfergemeinschaft" zu erzeugen suchte. Das Lagerbordell bedeutete jedoch für die Frauen, sexualisierter Gewalt durch die männlichen Häftlinge in einer Zwangssituation ausgesetzt zu sein. Die Männer nutzten es hingegen, um ihre Sexualität auszuleben und zu bestätigen. Das Verhältnis von Sex-Zwangsarbeiterinnen und männlichen Häftlingen steht daher im Widerspruch zum beschriebenen dichotomen Opfer-Täter-Bild und wird durch die bereits beschriebene Wechselwirkung von Gesellschaft und Überlebenden tabuisiert. Sprechen ehemalige Häftlinge dennoch von Gewalt, bleibt diese zwar körperlich, aber meist unspezifisch, obwohl Gewalt in Konzentrationslagern häufig sexuelle Gewalt gegen Frauen darstellte. Sie wird nicht als Teil der oft beschriebenen entgrenzten Gewalt wahrgenommen, die im KZ-System stattfand. Da sie nicht in diesen männlichen beziehungsweise universalen Definitionsrahmen passt, bleibt sie lediglich, und auch das recht selten, eine Ergänzung.[72] Dabei, so

---

[71] Flaschka, Monika J. (2010), Only Pretty Women were raped: The Effect of Sexual Violence on Gender Identities in the Concentration Camps, in: Hedgepeth, Sonja M./Saidel, Rochelle G. (Hg.), Sexual Violence against Jewish Women during the Holocaust, Lebanon: Brandeis University Press, S. 77-93, hier S. 79-80.
[72] Jaiser, Constanze (2005), Repräsentationen von Sexualität und Gewalt in Zeugnissen jüdischer und nichtjüdischer Überlebender, in: Bock, Gisela (Hg.),

Constanze Jaiser, führen Darstellungen von Sexualität „[…] ins Zentrum der Gewaltverhältnisse im KZ […]"[73].

Sexuelle und sexualisierte Gewalt in den Lagern war sowohl abhängig von der Geschlechterdifferenz als auch von der Position in der Häftlingsgesellschaft: Da die Frauen, die in den Lagerbordellen Sex-Zwangsarbeit verrichten mussten, meist als „Asoziale" markiert waren, standen sie in der internen Hierarchie weit unten. Dieser „Status" beeinflusste sowohl die Behandlung der betroffenen Frauen als auch die späteren Erinnerungen an sie durch die Männer. Das Bordell war die offizielle Schnittstelle von Gewalt und Sexualität im Lager. Handlungsmöglichkeiten bestanden dort nur für bestimmte männliche Häftlinge.[74] Auf das Verhältnis von Überlebendenzeugnissen, Holocaustforschung und sexualisierter Gewalt wird im folgenden Kapitel weiter eingegangen.

Die in diesem Kapitel dargestellten Spannungsfelder (zwischen Nachkriegsgesellschaften und Überlebenden, sowie das Verhältnis der Überlebenden untereinander) sind wesentlich für das Verständnis der Darstellungsweisen in Zeitzeug_innenberichten, ihrer Leiddefinition und dominierenden Bilder. Auf dieser Grundlage gibt Ulrike Jureit mit ihrem erwartungsvollen Ausblick auf einen neuen, offeneren und (gender)reflektierten Umgang mit den Zeitzeugnissen von Holocaust-Überlebenden die Richtung und auch das Ziel der nun folgenden Kapitel vor: „Sie [die Vergegenwärtigung der Vergangenheit, V.S.] könnte das stahlharte Gehäuse normierten Gedenkens in Frage stellen und uns an Erinnerungen heranführen, die sich nicht so ohne weiteres normativ beruhigen lassen."[75]

Genozid und Geschlecht. Jüdische Frauen im nationalsozialistischen Lagersystem, Frankfurt: Campus Verlag, S. 123-149, hier S. 143.
[73] Ebd., S. 143.
[74] Ebd., S. 127, 129.
[75] Jureit, Ulrike (2010), Gefühlte Opfer. Illusionen der Vergangenheits-

III. Sex-Zwangsarbeit in nationalsozialistischen Konzentrationslagern und ihre Darstellung in der Nachkriegszeit

Die Lagerbordelle wurden oft als andere Welt innerhalb des Lagers wahrgenommen und wiedergegeben. In diesem Fall bildeten die „normalen" Häftlinge die Realität, während die Bordelle im Reich der Fiktion angesiedelt waren. Sie kontrastierten in der Erinnerung überdeutlich die eigenen (schlecht) mit den angenommenen Lebensbedingungen der anderen (gut). Diese Praxis der Zuschreibung wurde auch in Bezug auf die Sex-Zwangsarbeiterinnen angewandt. Sie wurden nicht als Teil der Häftlingsgemeinschaft wahrgenommen und waren durch ihren Status als „Prostituierte" verletzungsoffen für abwertende und abschätzige Beschreibungen, Behandlungen und Urteile. Dies verdeutlicht nochmals das eingangs beschriebene „Othering", das hier sowohl auf topographischer (Bordell) als auch auf personenbezogener Ebene (Sex-Zwangsarbeiterinnen) stattfindet.

Heterosexuelle Sexualität erfuhr in den Lagern und vor allem in den Nachkriegserinnerungen unterschiedliche Bewertungen und/oder Ausklammerungen. In den meisten Zeugnissen fehlen Sexualität und Erotik. Kamen sie dennoch zur Sprache, wurden häufig drei Formen benannt: erstens die geraubte Sexualität, genommen durch die entmenschlichende Aufnahmeprozedur im Lager, körperliche Entkräftung und totale Erschöpfung. Diese den Menschen aufgezwungenen Praktiken des Scherens des Körperhaars, Untersuchungen durch SS-Männer und die Degradierung zum Objekt, zur Nummer gehören dazu, sind jedoch nicht zentra-

---

bewältigung, Bonn: Bundeszentrale für politische Bildung, S. 35.

ler Teil der individuellen Erinnerungen an das Konzentrationslager.[76]

Als zweite Form gilt „gute Sexualität", da es trotz der lebenswidrigen Umstände im Lager Liebes- und Sexbeziehungen zwischen den Häftlingen gab. Dies wird von den Überlebenden als Bewahrung der Menschlichkeit und zugleich Widerstand gegen die SS-Strategie der Entmenschlichung erinnert. Sie lebten damit Lust und Begehren aus und bestätigten sich selbst in ihrem Menschsein.[77]

Und schließlich wurde Sexualität auch als Zeichen der (De-)Privilegierung der Häftlinge gedeutet: Zugang zu instrumentalisiertem Sex in den Lagerbordellen war begehrt und wurde nicht als Unrecht oder Schrecken wahrgenommen, höchstens als Bedrohung. Äußerst selten wird die Lage der Sex-Zwangsarbeiterinnen mit Gewalt oder Arbeit in Verbindung gebracht. Für die Männer repräsentieren der „Sonderbau" und die Sex-Zwangsarbeiterinnen häufig eine Ausnahme im entmenschlichenden KZ-Alltag und eine Abwechslung vom Gewohnten.

Der erste Teil des Kapitels knüpft nun die Verbindung zwischen dem Themenkomplex „sexualisierte Gewalt im Nationalsozialismus" und der in II.2 dargestellten Dominanz männlicher Überlebender. Im Fokus stehen zunächst sexualisierte Gewalt und Sex-Zwangsarbeit im Kontext der Holocaustforschung. Ihre Wahrnehmung und Relevanz sowie die produzierten Leerstellen werden aufgezeigt. Anschließend wird die Geschichte sexueller Ausbeutung in Häftlingsbordellen, deren Funktion und Zielsetzung durch aktuelle Untersuchungsergebnisse dargestellt. Der gesellschaftliche Umgang, seine Erinnerung und Rezeption dieser Gewaltverbrechen schließen das Kapitel ab.

---

[76] Scherr, Rebecca (2003), The uses of memory and abuses of fiction; sexuality in Holocaust film, fiction, and memoir, in: Baer, Elizabeth R./Goldenberg, Myrna (Hg.), Experience and Expression, Detroit: Wayne State University Press, S. 278-297, hier S. 2.

[77] Ebd., S. 292, 294. Dritte Form durch Autorin.

1. Der Themenkomplex Sexualisierte Gewalt in der Forschung

Die physische und psychische Gewaltausübung durch die Nationalsozialistinnen und Nationalsozialisten prägt bis heute die Erinnerungen der Überlebenden an den Holocaust. Terror und Brutalität, vor allem in den Konzentrationslagern, sind Gegenstand unzähliger Berichte und wissenschaftlicher Forschungen. Hierbei stehen *nicht*-sexuell konnotierte körperliche Gewalt, die Bedrohung der individuellen Existenz durch Vernichtung, Misshandlung, Hunger, Kälte und Krankheit im Vordergrund. Trotz der großen Aufmerksamkeit und Anteilnahme (zumindest in der Forschung und Erinnerungsarbeit der Gedenkstätten), die den Gewalterfahrungen der Häftlinge entgegengebracht wird, bleiben andere Gewaltformen nahezu unsichtbar – sowohl in der Rezeption als auch in persönlichen Zeitzeug_innenberichten.

Sexualisierte Gewalt gegen Frauen als konkrete Gewaltpraktik im Holocaust erfährt durch Forscher_innen und Öffentlichkeit weitgehend Ignoranz und Beschweigen. Trotz der sexualisierten Verbrechen, die an Frauen verübt wurden, finden diese keinen Platz im kollektiven Gedächtnis. Diese „communities of harm"[78] verharren oft in Schweigen, denn wer als Opfer zählt und anerkannt wird, bestimmt nicht diese spezifische Opfergemeinschaft, sondern die Gesellschaft und auch das „ideale Opferkollektiv". Eine differenzierte Analyse der angewandten Ausschlussmechanismen wird in Kapitel V vorgenommen.

---

[78] Ni Aolain, Fionnuala (2000), Sex-based violence and the holocaust, S. 23, unter: http://digitalcommons.law.yale.edu/yjlf/vol12/iss1/3/ (Stand: 25.07.2017).

„Gewaltdefinitionen sind Werturteile [...]."[79]

Gewalthandlungen und Gewalterfahrungen werden individuell unterschiedlich erlebt und verarbeitet, je nach bisherigen biografischen Erfahrungen und gesellschaftlichen Positionierungen, die u.a. auch von geschlechtsspezifischen Positionierungen und Verletzungsoffenheiten bestimmt sind. Zwar gibt es ein Kollektiv, das Gewalt erfahren hat, aber es gibt keine kollektive Gewalterfahrung, die universal gültig ist.

Lawrence Langer bezieht zwar Genderunterschiede in seine Analyse von Zeitzeug_innenberichte ein, jedoch zweifelt er an der Notwendigkeit einer Genderperspektive für die Holocaustforschung. Er kommt zu dem Schluss, dass „[t]he Holocaust's ‚ultimate sense of loss' unites former victims in a violated world beyond gender."[80] Diesem in der Holocaustforschung und -rezeption immer wiederkehrenden Universalismus, der alle Erfahrungen im Holocaust gleichmacht, muss kritisch begegnet werden.

Gender-Differenzen zu neutralisieren, verdeckt Details und lässt folglich nur einseitiges Wissen über den Holocaust zu. Die Geschichte des Holocaust bleibt daher unvollständig, wenn jene Fragen, die sich explizit mit Frauen, ihren Handlungen und Erfahrungen jener Jahre beschäftigen, nicht gestellt und beantwortet werden. Somit erfährt auch sexualisierte Gewalt als Verbrechen kaum Aufmerksamkeit und Anerkennung. Dass auch Leid eine gegenderte Erfahrung ist, zeigt der Holocaust überdeutlich und entkräftet Langers Schlussfolgerung.[81]

---

[79] Amesberger, Helga/Auer, Katrin/Halbmayr, Brigitte (2010), Sexualisierte Gewalt, S. 26.
[80] Langer, Lawrence (1998), Gendered Suffering?, in: Ofer, Dalia/Weitzman, Lenore J. (Hg.), Women in the Holocaust, New Haven: Yale University Press, S. 351-363, hier S. 362.
[81] Roth, John K., Equality, Neutrality, Particularity, in: Baer, Elizabeth R./Goldenberg, Myrna (Hg.), Experience and Expression, Detroit: Wayne State University Press, S. 5-20, hier S. 12-13, 19.

Wird Gender in die Darstellung des Holocaust einbezogen, rekurrieren sowohl Überlebende als auch Forscher_innen häufig auf stereotype Geschlechterbilder. Frauen werden dabei vermeintlich „weibliche Eigenschaften" wie Fürsorge, Mütterlichkeit und Verletzlichkeit zugeschrieben. Durch diese Kategorien entsteht ein bestimmtes Set von Frauenbildern. Weibliche Sexualität und weibliches Begehren fungieren hier häufig als moralische Messeinheit für Gut und Böse.[82] „Deviantes" Verhalten (wie bspw. Sex als Tauschware) sorgt innerhalb dieses Rahmens für Missachtung und Diskreditierung der jeweiligen Frauen.[83] Sie werden auf diese Weise für ihre eigene sexuelle Verwundbarkeit beziehungsweise ihr Opfer-Sein verantwortlich gemacht. Diese Strategie der Schuldzuweisung ist nicht neu, allerdings bekommt sie im Kontext der Verbrechen des Holocaust eine erschreckende Dimension: Es ist dieser Umgang, der es immens schwierig gemacht hat, bestimmte Erfahrungen von Frauen in den Holocaust-Diskurs einzubringen, indem ein Klima der Scham heraufbeschworen wurde. Die betroffenen Frauen schämten sich für Geschehnisse, die sie weder kontrollieren noch verhindern konnten. Jene gegenderten Vorstellungen von Gut und Böse beeinflussen die Art und Weise, wie eine Gesellschaft auf das Verhalten von Frauen und deren Entscheidungen reagiert. Dies vereinfacht komplexe und „moralische" Fragen, die schließlich zu einer dauerhaften Verurteilung der Betroffenen führt, anstatt auch diese Überlebenden Anerkennung und Verständnis erfahren zu lassen.[84]

---

[82] Horowitz, Sara (2005), The gender of Good and Evil, in: Petropoulos, Jonathan/Roth, John K. (Hg.), Gray Zones. Ambiguity and Compromise in the Holocaust and its Aftermath, New York: Berghahn Books, S. 165-178, hier S. 175.
[83] Weitere Bilder, die wertend besetzt sind: negativ: die „Hure" oder „Prostituierte". Positiv: die Schwangere, Frau als Mutter und Ehefrau.
[84] Horowitz, Sara (2005), The gender of good and evil, S. 176.
Auch um andere Dimensionen der „Grauzone" (Levi, Primo (1979), Ist das ein Mensch?, München: Hanser) machte die Forschung jahrzehntelang einen großen Bogen: wie etwa bei „Sex for Survival" in den Ghettos oder Konzentrationslagern. Dabei wurden Frauen oftmals durch männliche Mithäftlinge weiter

Myrna Goldenberg vermutet, dass die Weigerung, (vor allem gewaltbesetzte) Erfahrungen von Frauen in die Holocaustforschung einzubeziehen, dazu beigetragen hat, dass Vergewaltigung als Themenkomplex nicht untersucht wurde. Aufgrund der geringen Zahl gegenderter Fragen in Zeitzeug_inneninterviews sind viele Informationen zu Erlebnissen sexualisierter Gewalt verloren gegangen oder bleiben unzugänglich. Falls Frauen dennoch über diese Form von Gewalt gesprochen haben, geschah dies äußerst selten in der Ich-Form. Dies verwundert nicht weiter, betrachtet man das Umfeld, aus dem die meisten (jüdischen) Frauen stammten (konservativ) oder in das sie nach dem Krieg emigrierten (ignorant, prüde). In diesen gesellschaftlichen Kontexten war es häufig der Fall, dass sich die betroffenen Frauen zu sehr geschämt haben, als dass sie vom erlebten Missbrauch erzählen konnten. Stattdessen widerfuhren diese Erlebnisse immer anderen Frauen, über die sie dann berichteten. Diese Distanzierung vom eigenen, persönlichen Erlebnis wurde durch weitere äußere Bedingungen verstärkt: Zum einen verging bis zu den 1980er Jahren eine lange Zeitspanne nach Ende des Krieges, bevor es überhaupt ein breites, gesellschaftliches Interesse an den Überlebenden gab. Zum anderen betraf dieses Interesse hauptsächlich (wie in Kapitel II.2 dargestellt) die männlichen Überlebenden und weniger die Frauen, deren Erfahrungen somit in den Hintergrund gerückt wurden. Hinzu kam, als „ [...] interest returned, sex-based dehumanization discomfited the interviewers

---

viktimisiert, obwohl doch beide „Opfer" desselben unterdrückerischen Systems waren. Männliche Häftlinge hatten meistens bessere Möglichkeiten oder Verbindungen, Lebensmittel zu beschaffen oder Gegenstände wie Schuhe oder Jacken zu organisieren, die für das Überleben im Lager essentiell waren. Die „Höhe" des Tauschwerts legten die Männer fest und ließen die Frauen mit Sex bezahlen.

Ausführlich zu sexuellem Tauschhandel siehe: Hájková, Anna (2013), Sexual Barter in Times of Genocide: Negotiating the Sexual Economy of the Theresienstadt Ghetto, in: Signs, Vol. 38, No. 3 (Spring 2013), S. 503-533, auf: http://www.jstor.org/stable/10.1086/668607 (Stand: 31.07.2017).

and the subjects."[85] In Folge dessen wurden 40 Jahre lang Fragen zu sexualisierter Gewalt nicht gestellt.[86]

Hannah Arendts Aussage „life is a story"[87] aus ihrer Essay-Sammlung „Men in Dark Times"[88] verdeutlicht die Strategie des Be/Schweigens: Demzufolge müssen Handlungen, um real sein und überdauern zu können, in Form eines Narrativs wiederholt werden. Arendts „life is a story" hat zwei Dimensionen, die miteinander verwoben sind: Zum einen braucht es eine Zeug_in, eine Geschichtenerzähler_in, die die Ereignisse zu einer Geschichte verarbeitet. Um diese Ereignisse durch ein Wieder-Erzählen (Retelling) unsterblich werden zu lassen, muss das Subjekt während ihres Lebens den Mut aufbringen, sich selbst in die Welt menschlicher Beziehungen einzufügen und die Geschichte, die erzählt werden soll, initiieren. Erst durch diesen doppelten narrativen Imperativ werden individuelle Biografien Teil einer kollektiven Geschichte, eingebettet in den Bereich menschlicher Interaktion. Ohne dies, so Arendt, würden historische Ereignisse unfertig bleiben, sie wären „an unbearable sequence of sheer events."[89] Diese notwendige Einbettung der eigenen Geschichte in einen öffentlichen Diskurs ist für alle Erlebnisse während des Holocaust gültig. Jedoch zeigt sich daran deutlich, wie sehr Sprechen, Akzeptanz und Gültigkeit Narrative und Leerstellen formten.

Die meisten Überlebenden, die sich als Teil des „idealen Opferkollektivs" begreifen, haben zuvor erfahren, wie schwierig

---

[85] Goldenberg, Myrna (2013), Sex based violence, in: Goldenberg, Myrna/ Shapiro, Amy H. (Hg.), Different Horrors, Same Hell. Gender and the Holocaust, Seattle: University of Washington Press, S. 38-58, S. 121.
[86] Ebd., S. 119-121.
[87] Hannah Arendt zitiert in: Glowack, Dorota (2003), Philosophy in the feminine, in: Baer, Elizabeth R./Goldenberg, Myrna (Hg.), Experience and Expression, Detroit: Wayne State University Press, S. 38-58, hier S. 42.
[88] Arendt, Hanna (1968), Men in Dark Times, New York: Harcourt, Brace and World.
[89] Hannah Arendt zitiert in: Glowack, Dorota (2003), Philosophy in the feminine, S. 43

es ist, von der Mehrheitsgesellschaft überhaupt wahrgenommen und gehört zu werden. Eine Auseinandersetzung mit den oktroyierten Widersprüchen des „Opferseins" war für viele Überlebende nicht möglich. Stattdessen entschlossen sie sich, eine bestimmte Geschichte, die „ideale Geschichte", für eine determinierte Zuhörer_innenschaft zu entwerfen. Die Gesellschaft belohnte ihrerseits diese Erzählweise mit Akzeptanz und Aufmerksamkeit.

Frauen, die von sexualisierter Gewalt betroffen waren, entsprachen nicht dieser gesamtgesellschaftlichen Erwartungshaltung an Holocaust-Erlebnisse, da diese auf bestimmten männlichen Erfahrungen basierte. Sie sprachen deshalb in den seltensten Fällen, da es keine gesellschaftliche Gültigkeit, kein Verständnis oder Interesse an ihrer Geschichte gab. Dazu resümiert Myrna Goldenberg: „During the Holocaust, rape was eclipsed by the Final Solution"[90], und so blieben die Frauen mit diesem Schicksal als Opfer des Holocaust unsichtbar. Diese Problematik des sich Gehör und Platz Verschaffens bei und in einer Mehrheitsgesellschaft, muss auch als Teil der Konstruktion einer „idealen Opfergemeinschaft" gesehen werden. Dieser Zusammenhang rahmt die vorliegende Forschungsarbeit und ist in den Kapiteln IV und V grundlegend sowohl für die Darstellung der Einzelinterviews als auch für die Analyse des Gesamtmaterials.

---

[90] Goldenberg, Myrna (2013), Sex based violence, S. 101.

2. Ein Teil der „Prämien-Vorschrift"[91]: Sex-Zwangsarbeit in Lagerbordellen und ihre Funktion[92]

Sexualität war während der nationalsozialistischen Herrschaft kein Tabuthema, im Gegenteil befürwortete das NS-Regime die Beschäftigung mit Sexualität. Allerdings war dies stark reglementiert zum Beispiel als Ausdruck nationalsozialistischer Ideale („Rassereinheit", „Mutterkreuz") oder staatlich instrumentalisiert in Form eines Belohnungssystems in Konzentrationslagern, um die eigene Rüstungswirtschaft weiter voranzutreiben.

Sexarbeit war während des Nationalsozialismus nicht vollständig verboten, jedoch wurde sie durch die „rassische Generalprävention" zu einem ideologisierten und reglementierten Bereich. Zunächst verschärfte der NS-Staat die Verfolgung „gewerblicher Unzucht" und das „Reichsgesetz zur Bekämpfung der Geschlechtskrankheiten" beschnitt ganz legal und erheblich die Möglichkeit des Lebensunterhaltsverdienstes der Sexarbeiterinnen.
Ab dem 9. September 1939 wurden Sexarbeiterinnen offiziell zur „vorbeugenden Verbrechensbekämpfung" kriminalisiert und mussten Haftstrafen in Gefängnissen und Konzentrationslagern fürchten. Zentrales Lager für die stetig steigenden Verhaftungen im Reich war ab diesem Zeitpunkt das Frauen-Konzentrationslager Ravensbrück.[93] Als so genannte „Asoziale" wurden unter anderem jene Sexarbeiterinnen in die Konzentrationslager einge-

---

[91] Die „Dienstvorschrift für die Gewährung von Vergünstigungen an Häftlinge (Prämien-Vorschrift)" wurde vom WVHA am 15. Mai 1943 für alle Konzentrationslager eingeführt.
[92] Überarbeitete und ergänzte Version von Schneider, Verena (2012), Die „Prämien-Vorschrift" am Beispiel des Lagerbordells des KZ Mauthausen, Touro College: Berlin, S. 15-18, 20-21.
[93] Wickert, Christl (2002), Tabu Lagerbordell, in: Eschebach, Insa/Jacobeit, Sigrid/Wenk, Silke (Hg.), Gedächtnis und Geschlecht: Deutungsmuster in Darstellungen des nationalsozialistischen Genozids, Frankfurt am Main: Campus Verlag, S. 41-58, hier S. 41.

wiesen, die sich als „Sittendirne" nicht zweimal wöchentlich auf dem Gesundheitsamt meldeten. Bei der dritten Wiederholung galt dies als Straftatbestand und hatte die KZ-Haft zur Folge.[94] Dort mussten die (vermeintlichen) Prostituierten den „schwarzen Winkel" tragen, der sie als „Asoziale" kennzeichnete und auch innerhalb der Häftlingsgesellschaft stigmatisierte. Als „Asoziale" wurden aber auch jene Frauen klassifiziert, die wegen Diebstahls, Betrugs oder Fälschung inhaftiert wurden.[95] Sie waren wie alle anderen Häftlinge „Arbeitskommandos" im Lager zugeteilt und wurden wie die übrigen Häftlingsgruppen auch in einem eigenen Block, dem so genannten „Dirnenblock" untergebracht.

Im Jahr 1942 veränderte sich die Situation für die „asozialen" Frauen drastisch: Mit dem Erlass Heinrich Himmlers zur Errichtung von Lagerbordellen in Konzentrationslagern waren sie von nun an von einer weiteren Form der Zwangsarbeit bedroht. Mit der Eröffnung des ersten von später insgesamt zehn Lagerbordellen erhöhte sich die Gefahr für die Frauen, als Sex-Zwangsarbeiterin für eines der Häftlingsbordelle durch die SS rekrutiert zu werden.[96]

Der Befehl Himmlers zur Errichtung eines Lagerbordells in Mauthausen, so vermutet Robert Sommer, kam nach einem Inspektionsbesuch am 31. Mai 1941 zustande, da den Reichsführer SS die Arbeitsproduktivität in den Steinbrüchen und die Produktion der „Deutschen Erd- und Steinwerke" (DESt) nicht zufrieden stellte. Die „Sonderbauten" waren Teil eines Vergünstigungssystems, der so genannten „Prämien-Vorschrift", die Häftlinge zu höherer Arbeitsleistung antreiben sollten. Laut Robert Sommer war der Erhalt von „Prämienscheinen" im Lager aber

---

[94] Sommer, Robert (2009), Zur Verfolgungsgeschichte „asozialer" Frauen aus Lagerbordellen, in: Ausgegrenzt: „Asoziale" und „Kriminelle" im nationalsozialistischen Lagersystem: Beiträge zur Geschichte der nationalsozialistischen Verfolgung in Norddeutschland, Heft 11, Bremen: Edition Temmen, S. 111-127, hier S. 113.
[95] Ebd., S. 114.
[96] Amesberger, Helga/ Auer, Katrin/Halbmayr, Brigitte (2010), Sexualisierte Gewalt, S. 112.

nicht nur abhängig von der Leistung, sondern auch von der Stellung des einzelnen Häftlings innerhalb der Häftlingshierarchie. Dies bedeutete gleichzeitig, dass Häftlinge, die aufgrund ihrer niedrigen Position innerhalb der Häftlingsgesellschaft in einem schlechten Kommando arbeiten mussten, so gut wie keine Möglichkeit hatten, „Prämienscheine" zu erwerben. Eher verschlechterten sich in diesen Kommandos die Lebensbedingungen und Überlebenschancen erheblich. Für den Großteil der Häftlinge war dieses Prämiensystem also irrelevant.[97]

Der vermeintliche Strategiewandel der SS, Belohnen statt Bestrafen, war lediglich eine weitere Maßnahme zur Manifestierung der Macht und Kontrolle innerhalb der Häftlingsgesellschaft. Das Prämiensystem der SS instrumentalisierte Sex-Zwangsarbeit und machte so den „Sonderbau" zum Teil des KZ-Systems, in dem ausgebeutet, gefoltert und gemordet wurde. Planung, Errichtung und Erhalt der „Lagerbordelle" verlief im Kontext verschiedener Bau- und Rüstungspläne der NS-Führung, von Großbauprojekten wie „Germania", über die „Germanisierung des Ostens" bis hin zum Bau der V2-Rakete. Die Bedeutung des Faktors Zwangsarbeit wurde durch diese Projekte immer größer, so dass am Ende Massen von Häftlingen für die Umsetzung der Vorhaben nötig waren.[98]

Da der Großteil der Häftlinge austauschbar war, die Funktionshäftlinge und Fachkräfte für die SS aber wichtige Arbeitsfaktoren in der Rüstung darstellten und sie wichtige Positionen innerhalb der Häftlingsgesellschaft innehatten, waren sie für die SS unentbehrlich und genossen daher eine privilegierte Behandlung. Durch die Prämienzuwendungen für „Spitzenarbeitskräfte" sicherte sich die SS die Macht über die Häftlingsgesellschaft, indem sie die innere Spaltung der Lagergemeinschaft vorantrieb. Daher waren die wenigen Funktionshäftlinge, die vom Lagerbor-

---

[97] Ebd., S. 84.
[98] Schulte, Jan Erik (2001), Zwangsarbeit und Vernichtung: das Wirtschaftsimperium der SS: Oswald Pohl und das SS-Wirtschafts-Verwaltungshauptamt 1933-1945, Paderborn: Schöningh, S. 277.

dell profitierten, für die SS besonders wichtig zur Aufrechterhaltung der Lagerordnung.[99]

Der eigentliche Befehl Himmlers erging etwa vier Monate nach seinem Mauthausen-Besuch am 8. Oktober 1941. Die Bauarbeiten für das erste Lagerbordell begannen kurz darauf. Das Bordell in Mauthausen war sowohl das erste als auch das am längsten bestehende Lagerbordell in einem deutschen Konzentrationslager. Ihm sollten in den nächsten drei Jahren neun weitere Folgen. Anfang Juni 1942 fand die Rekrutierung von zehn „asozialen" Frauen aus dem Konzentrationslager Ravensbrück statt. Kurz darauf, am 11. Juni, begann der „Betrieb" des Bordells. Für die ersten „Bordellkommandos" bestimmte die SS nur „deutsche" Häftlinge, die bereits vor ihrer Verhaftung als sogenannte „Prostituierte" gearbeitet hatten und aus Sicht der SS als „Asoziale" jeglichen Nutzen für die „Volksgemeinschaft" verloren hatten. Als „Prostituierte" wurden nicht nur tatsächliche Sexarbeiterinnen, sondern unter anderem auch lesbische Frauen, „Rasseschänderinnen" und Frauen mit „zu vielen" Sexualkontakten klassifiziert und in das Konzentrationslager Ravensbrück verbracht. Die Einstufung als „Prostituierte" war für die SS ein praktischer Legitimationsgrund für den Einsatz der Frauen in Lagerbordellen: Da die „Prostituierten" bereits vor ihrer Haft tatsächliche oder vermeintliche Erfahrungen in diesem Bereich gemacht hatten, wären sie auch in der Lage, ein Lagerbordell zu leiten. Außerdem konnte die SS auf diese Weise eine gewisse Freiwilligkeit aufgrund der vermeintlichen Vergangenheit der Frauen vortäuschen.[100] Diese Praxis änderte sich erst mit der Eröffnung weiterer Bordelle, da dann

---

[99] Amesberger, Helga/Auer, Katrin/Halbmayr, Brigitte (2010), Sexualisierte Gewalt, S. 84-86.
[100] Sommer, Robert (2009), Das KZ-Bordell. Sexuelle Zwangsarbeit in nationalsozialistischen Konzentrationslagern, Paderborn: Ferdinand Schöningh, S. 98-99.

die jeweiligen Lagerkommandanten die weiblichen Häftlinge willkürlich aussuchten.[101]

War eine Vorauswahl unter den Frauen getroffen, wurden sie durch einen Stab von SS-Männern, darunter auch der Standortarzt, einer weiteren „Begutachtung" als erniedrigende Auswahlprozdedur unterzogen. In seiner Vernehmung 1947 gab Gerhard Schiedlausky[102] zu Protokoll, dass die Frauen „volljährig, gesund und einigermaßen hübsch sein und schon früher nachweislich gewerbliche Unzucht betrieben haben [sollten]"[103]. Erst nach diesem Schritt entschied die SS darüber, welche Frauen in die Lagerbordelle geschickt wurden. Laut Robert Sommer diente das Konzentrationslager Ravensbrück ab 1942 „als primärer Rekrutierungs-, Selektions- und Vorbereitungsort für die Bordellkommandos"[104]. Ab Mitte 1943 wurden die Rekrutierungen fortgesetzt, da Bordelle nun auch in Buchenwald, Flossenbürg, Dachau, Neuengamme und Sachsenhausen eröffnet wurden. Für die Bordelle im Stammlager Auschwitz und Auschwitz-Monowitz wurden Häftlinge direkt aus dem Frauenlager in Auschwitz-Birkenau rekrutiert.[105] Nur ein Jahr später dehnten sich die Zwangsverpflichtungen für den „Sonderbau" auch auf Frauen aus Außenlagern, so genannten „Evakuierungstransporten" oder aus anderen Lagerbordellen aus. Außerdem griff die SS nun auch auf „nichtdeutsche" Frauen, vor allem Polinnen, zurück. Es wurden jedoch niemals „jüdische" Frauen ausgewählt, ebenso war „Juden", sowjetischen Kriegsgefangenen und Sinti und Roma der Besuch des Bordells untersagt. Anfang 1945 wurde in Mittelbau-Dora das letzte der insgesamt zehn Lagerbordelle eröffnet.[106]

---

[101] Ebd., S. 92.
[102] SS-Standortarzt Gerhard Schiedlausky war von Dezember 1941 bis August 1943 im KZ Ravensbrück tätig.
[103] Schiedlausky zitiert in: Baumgartner, Andreas (2006), Die vergessenen Frauen von Mauthausen: die weiblichen Häftlinge des Konzentrationslagers Mauthausen und ihre Geschichte, Wien: Editon Mauthausen, S. 92.
[104] Sommer, Robert (2009), Das KZ-Bordell, S. 107-108.
[105] Ebd., S. 90.
[106] Ebd., S. 92.

Auch für die Rekrutierung der Frauen ist die heterosexistische und rassistische Ideologie der Nationalsozialisten maßgeblich: Zum einen galten „Asoziale" als minderwertig und damit als wertlos für die „arische Volksgemeinschaft". Auch als die so genannten „Bettpolitischen"[107] für die Sex-Zwangsarbeit rekrutiert wurden, war dieses Muster sichtbar. Da die „arischen" Frauen Sex mit ausländischen Männern hatten und damit „Rassenschande" begingen, waren auch sie zur sexuellen Ausbeutung freigegeben.[108] Aus Sichtweise der Nationalsozialisten war „Minderwertigkeit" untrennbar mit der Kategorie „asozial" verknüpft. Frauen, die dieser Klassifizierung unterlagen, verloren damit das Recht auf körperliche Unversehrtheit. Der einzige Zweck der Frauen im Lagerbordell war ihr Körper und dieser wurde zur Leistungssteigerung der Männer verfügbar gemacht.[109] Zum anderen spielten die „rassepolitischen" Vorstellungen der SS auch bei der Zuteilung der Frauen in die jeweiligen Lagerbordelle eine Rolle: Da „fremdvölkische" Häftlinge nicht mit „deutschen" Frauen verkehren sollten, wurden andere Nationalitäten in die Gruppe der Sex-Zwangsarbeiterinnen einbezogen. Nun wurde außer reichsdeutschen auch polnischen, tschechischen, ukrainischen, spanischen und skandinavischen Häftlingen der Bordellbesuch gestattet. Die Zusammensetzung der Sex-Zwangsarbeiterinnen in den Bordellen richtete sich folglich nach der Lagerbelegschaft: In Buchenwald bildeten beispielsweise die deutschen Häftlinge die Mehrheit, so dass dort vorwiegend deutsche Sex-Zwangsarbeiterinnen eingesetzt wurden. In Auschwitz gab es überwiegend polnische Funktionshäftlinge, entsprechend wurden dort Frauen aus Osteuropa für das Lagerbordell rekrutiert.[110]

---

[107] So die nationalsozialistische Bezeichnung für Frauen, die Sex mit nichtdeutschen Männern hatten.
[108] Amesberger, Helga/ Auer, Katrin/ Halbmayr, Brigitte (2010), Sexualisierte Gewalt, S. 344.
[109] Schikorra, Christa (2001), Kontinuitäten der Ausgrenzung, S. 205.
[110] Sommer, Robert (2009), Zur Verfolgungsgeschichte „asozialer" Frauen aus Lagerbordellen, S. 181-183.

Namentlich konnten bis heute 174 Frauen, die als Sex-Zwangsarbeiterinnen in Bordellen verpflichtet waren, nachgewiesen werden. Sommer schätzt, dass es insgesamt 210 Frauen waren, und bezieht in diese Statistik auch jene Frauen mit ein, die in den Bordellen für die ukrainischen „Trawniki"-Wachmannschaften sexuell missbraucht wurden. Von diesen Frauen waren insgesamt 65 Prozent als „Asoziale" kategorisiert, 30 Prozent als „Politische" und fünf Prozent als „Kriminelle".[111]

Durch diese heterogene Gruppe, so Sommer, war Solidarität unter den Frauen kaum möglich. Das von der SS erzwungene Zusammenleben war von Misstrauen geprägt, die unterschiedlichen Kategorisierungen erschwerten das soziale Miteinander und Unterstützung. Sommer stützt sich dabei jedoch lediglich auf die Aussagen einer ehemaligen Sex-Zwangsarbeiterin.[112] Auch hier gilt es zu beachten, dass lediglich vier Berichte betroffener Frauen existieren. Eine Verallgemeinerung der Wahrnehmung und damit Interpretation aller Lebensumstände im Lagerbordell wird von der Autorin als äußerst problematisch betrachtet.

Unbestritten sind hingegen die körperlichen Schäden und Verletzungen, die die Frauen durch die sexuelle Ausbeutung erfuhren. Dem Operationsbuch von Mauthausen zufolge waren die primären Geschlechts- und Reproduktionsorgane zahlreicher Frauen schwer geschädigt. Bei einigen wurden deshalb auch Uterus oder Eileiter entfernt.[113] Baumgartner weist zum einen aber auch auf eine dokumentierte Zwangsabtreibung im „Operationsbuch des Krankenreviers" Anfang November 1944 hin. Zum anderen wurden einige Sex-Zwangsarbeiterinnen erst während der Zeit im Lagerbordell zwangssterilisiert. Dies geschah oft unwissentlich im Zuge einer Operation aufgrund entzündeter Eierstöcke oder einer entzündeten Gebärmutter. Trotzdem kehrten viele der Frauen schwanger oder mit Geschlechtskrankheiten ins Konzentrationslager Ravensbrück zurück. Die SS tauschte sie einfach gegen

---

[111] Ebd.
[112] Sommer, Das KZ-Bordelle, S. 235.
[113] Ebd., S. 234-235.

andere Frauen aus.[114] Da es im Bordell keine Möglichkeit zur Verhütung gab, sind für das Lagerbordell im Stammlager Auschwitz zwei Schwangerschaften von Sex-Zwangsarbeiterinnen belegt. Die erzwungene Abtreibung wurde im dritten Monat vorgenommen, anschließend blieben die Frauen drei Wochen im Krankenrevier und wurden dann in das Bordell zurückgeschickt. Nach weiteren 14 Tagen wurden sie wieder zur Sexarbeit gezwungen.[115] Dies lässt zweifelsfreie Rückschlüsse auf die sexuelle Gewalt im Lagerbordell und die Missstände zu, denen die Sex-Zwangsarbeiterinnen durch die Häftlinge ausgesetzt waren.

Die Dauer der Zwangsarbeit im „Bordellkommando" variierte stark. Manche Frauen wurden als „ungeeignet" bereits nach einigen Tagen ausgetauscht, andere wurden über die gesamte Existenzzeit eines Lagerbordells sexuell ausgebeutet. Es gibt allerdings keine Hinweise darauf, dass die Frauen, wie von der SS behauptet, nach sechs Monaten im Lagerbordell aus der KZ-Haft entlassen wurden.[116] Diese Behauptung der Haftverkürzung sowie die damit verbundene „freiwillige Meldung" hält sich jedoch hartnäckig in Berichten männlicher Überlebender in Bezug auf das „Bordellkommando".

Am Beispiel Mauthausen werden die Ausmaße der sexuellen Ausbeutung deutlich: Angelehnt an die „Richtlinien des RSHA zur Errichtung von Bordellen nahe der Zwangsarbeitslager" sollte eine Sex-Zwangsarbeiterin dort etwa 550 Häftlingen zur Verfügung stehen.[117] Eine Frau musste so im Schnitt Geschlechtsverkehr mit zehn Männern pro Abend über sich ergehen lassen. Die Auswahl weiblicher „asozialer" Häftlinge war aus Perspektive der

---

[114] Baumgartner, Andreas (2006), Die vergessenen Frauen von Mauthausen, S. 93, 97.
[115] Sommer, Das KZ-Bordell, S. 214.
[116] Sommer, Das KZ-Bordell, S. 228.
[117] Zu diesem Zeitpunkt, am 30. April 1942, befanden sich etwa 5.500 männliche Häftlinge im Stammlager. Zahlen in: Ebd., S. 116.

SS aus verschiedenen Gründen von Vorteil: Es ließ sich wie bereits erwähnt sehr einfach eine Vergangenheit der Frauen als „Prostituierte" behaupten. Damit wurde nach außen zum einen ein gewisser „Erfahrungsschatz" suggeriert, zum anderen wurde auf diese Weise einer möglichen Empörung oder Solidarisierung durch andere Häftlingsgruppen vorgebeugt. Außerdem waren diese Frauen entbehrlich, das hieß wertlos für die „Volksgemeinschaft", und die meisten Frauen konnten nicht mehr schwanger werden, da sie durch die Verfolgung als „Asoziale" bereits vor ihrer Haft im KZ zwangssterilisiert worden waren.[118]

Die „Prämien-Vorschrift" regelte auch die „Bezahlung" der Sex-Zwangsarbeiterinnen beziehungsweise die Verwendung der zwei Reichsmark, die die Häftlinge in Form von „Prämienscheinen" entrichten mussten. Dabei sollten die Sex-Zwangsarbeiterinnen 45 Reichspfennig und die aufsichtsführende Häftlingsfrau fünf Pfennige erhalten. Der Restbetrag von 1,50 Reichsmark wurde gesammelt und die Summe halbjährlich an Richard Glücks im WVHA gemeldet. Die „Einnahmen" der Sex-Zwangsarbeiterinnen behielt die SS entgegen der „Dienstvorschrift" vollständig ein. Es ist kein Fall bekannt, in dem eine der betroffenen Frauen je eine Vergütung für ihre Zwangsarbeit in den Lagerbordellen erhielt.[119] Sommer vermutet, dass die SS mit den Einnahmen aus dem Bordellbetrieb die Baukosten für die „Sonderbauten" refinanzieren wollte, da die Industrie keine Mittel zur Verfügung gestellt hatte.[120]

Durch den „1. Nachtrag zur Dienstvorschrift" wurde der Preis für den Bordellbesuch ab Februar 1944 auf eine Reichsmark reduziert. Ab diesem Zeitpunkt sollten neunzig Prozent der Einnahmen an die Sex-Zwangsarbeiterinnen und zehn Prozent an die Häftlingsaufsicht gehen. Die SS verzichtete offiziell auf eine

---

[118] Ebd., S. 116-117.
[119] Alakus, Baris/ Kniefacz, Katharina/ Vorberg, Robert (Hg.) (2006), Sex-Zwangsarbeit in nationalsozialistischen Konzentrationslagern, Wien: Mandelbaum Verlag, S. 156.
[120] Sommer, Robert (2009), Das KZ-Bordell, S. 49.

Beteiligung, wobei de facto die Einnahmen immer noch von ihr verwaltet und verwendet wurden.[121] Zeitgleich wurde nun auch jenen Häftlingen der Bordellbesuch erlaubt, die weder wichtige Funktions- noch deutsche Häftlinge waren. Die SS erhoffte sich sowohl von dieser Öffnung als auch von der Preissenkung einen größeren Erfolg des Prämiensystems.[122]

Dieses System sollte die Produktivität stetig steigern, der Bordellbesuch sie auf die Spitze treiben. Die Haltung der SS war hinsichtlich der Lagerbordelle jedoch zwiegespalten: Auf der einen Seite wurde „Prostitution" im Nationalsozialismus verfolgt, um den „gesunden Volkskörper" zu schützen, und endete für die Betroffenen meist in KZ-Haft. Auf der anderen Seite war es Usus, Bordelle für SS und Wehrmacht europaweit einzurichten. Zum einen, um Geschlechtskrankheiten und damit der Schwächung der Truppe vorzubeugen, zum anderen, um Homosexualität unter den Soldaten einzudämmen. Der Aspekt der „Leistungssteigerung" kam erst durch die Lagerbordelle hinzu und dient mittlerweile als gängiger Erklärungsansatz für die Eröffnung der „Sonderbauten". Auch nach außen tat sich die SS mit der Existenz der Bordelle zunehmend schwer. Wurden sie zu Beginn den Besucher_innen bei Lagerbegehungen noch gezeigt, versteckte die SS sie bald in entlegenen Winkeln der Konzentrationslager.

Die Bordelle weichten nicht nur die Haltung der SS gegenüber „Prostitution" auf, sondern brachen auch mit einer bis dahin streng durchgesetzten Regel im Lager: keine sexuellen Kontakte zwischen den Häftlingen. Mit den Sex-Zwangsarbeiterinnen schuf die SS den einzigen Gegenpol zur forcierten Entweiblichung inhaftierter Frauen, legalisierte Geschlechtsverkehr und involvierte Häftlinge in die sexuelle Ausbeutung des „Bordellkommandos". Die Frauen, die in Lagerbordellen Sex-Zwangsarbeit leisten mussten, hatten keine Möglichkeit, aus den „Bordell-

---

[121] Ebd., S. 80.
[122] Baumgartner, Andreas (2006), Die vergessenen Frauen von Mauthausen, S. 94.

kommandos" auszusteigen und in ein anderes Kommando zu wechseln. Die gewaltvolle Verfügung über Körper und Sexualität, über Zwangsarbeit und Überleben lag nicht nur in Händen der SS, sondern auch in denen der Häftlinge, die das Lagerbordell besuchten. Auch sie konnten sich entscheiden, ob sie die Frauen heimlich unterstützten, ohne dafür eine sexuelle Gegenleistung zu fordern, oder einen Besuch solidarisch boykottierten.

Wie bereits erwähnt ist das heute noch gängige Erklärungsmuster für die Eröffnung der Lagerbordelle die Leistungssteigerung der Häftlingsarbeitskraft. Aus Sicht der SS war das Scheitern der „Prämien-Vorschrift" jedoch gegen Kriegsende deutlich erkennbar: Die Häftlingskantinen hatten kaum Waren, die sie verkaufen konnten, oder die Häftlinge vertrugen die angebotenen Lebensmittel aufgrund des ständigen Mangels im Lager nicht. Der Anreiz „Prämienscheine" zu erarbeiten war aus ihrer Perspektive also relativ gering. Hinzu kam, dass die Privatunternehmen nicht genügend „Prämienscheine" ausgaben, weil sie diese von der SS erwerben mussten, die Kosten für die Zwangsarbeiter aber niedrig halten wollten. Sommer argumentiert, dass die Industrie offensichtlich durchschaute, dass das Prämiensystem nicht funktionierte.[123]

Ein weiterer Grund für das Scheitern des Systems war die Tatsache, dass es nur sehr Wenigen von Nutzen war. Der kleine Teil der „prominenten" Häftlinge profitierte davon, während das Gros der Häftlinge verhungerte.[124]

Trotz der auch für die SS erkennbare Dysfunktionalität der „Prämien-Vorschrift" in Bezug auf die Unterstützung der Rüstungsindustrie hielt sie die Lagerbordelle meist bis kurz vor Auflösung oder „Evakuierung" der Konzentrationslager in Betrieb. Dies ist ein Indiz für die Doppelfunktion der Bordelle, die über rein ökonomische Aspekte hinausgeht: „Keiner noch so starken

---

[123] Sommer, Robert (2009), Das KZ-Bordell, S. 277.
[124] Orth, Karin (1999), Das System der nationalsozialistischen Konzentrationslager, Hamburg: Hamburger Edition, S. 196-197.

Lagerführung wäre es möglich, Tausende von Häftlingen im Zügel zu halten, zu lenken, wenn diese nicht dazu helfen würden. Je zahlreicher die Gegnerschaften und je heftiger die Machtkämpfe unter ihnen, umso leichter läßt sich das Lager führen. „Divide et impera!"[125] schrieb Rudolf Höß in seiner autobiographischen Nachbetrachtung. Diese charakteristische Funktion der Lagerbordelle (die Fragmentierung und Entsolidarisierung der Häftlingsgesellschaft und der damit einhergehende Machtgewinn auf Seiten der SS) findet im Großteil der rezipierten Forschungsliteratur keine Erwähnung.

3. Häftlingsschicksal Sex-Zwangsarbeiterin während der KZ-Haft und nach 1945

Die sexuelle Ausbeutung von Frauen in Lagerbordellen war Bestandteil des nationalsozialistischen Unterdrückungs- und Vernichtungssystems. Die erzwungenen sexuellen Kontakte in den Bordellen machten Frauen zu Versuchsobjekten wirtschaftlicher Effizienzsteigerung, instrumentalisierten sie zur Spaltung der Häftlingsgemeinschaft, lösten ihre sexuelle Selbstbestimmung vollständig auf. Physische und psychische Konsequenzen wurden von der SS bewusst und billigend in Kauf genommen. Darauf weisen auch ehemalige weibliche Mitgefangene der Sex-Zwangsarbeiterinnen hin: „Es wurde dann uns nur so erzählt, dass die SS früher viele junge Mädchen ausgesucht haben, und haben sie dann für ihre Not ausgenützt. So lange, dass sie nachher auch der Tod erwischt hat."[126] Auch berichtet eine ehemalige „Ravensbrückerin" über die Frauen, die sich für das Bordell gemeldet hat-

---

[125] Höß zitiert in: Strebel, Bernhard (2003), Das KZ Ravensbrück. Geschichte eines Lagerkomplexes, Paderborn: Schöningh.
[126] Weiblicher Häftling aus Ravensbrück zitiert in: Amesberger, Helga/Auer, Katrin/Halbmayr, Brigitte (2010), Sexualisierte Gewalt, S. 124.

ten: „Und da haben sie eben zugestimmt, sind gegangen, aber zurückgekommen sind sie als Ruinen."[127]

Wahrscheinlich gab es Sexarbeiterinnen unter den „asozialen" Häftlingen, die sich in der Anfangszeit „freiwillig"[128] für das „Sonderbaukommando" meldeten. Allerdings gab es unter den Sex-Zwangsarbeiterinnen auch Frauen, die von der SS als „Prostituierte" definiert und deshalb zwangsrekrutiert wurden. Hinzu kam eine gesellschaftliche Vorstellung von „Prostitution", die zwar als unsittliche Dienstleistung angesehen, der aber kein Gewaltcharakter unterstellt wurde. Es ist jedoch davon auszugehen, dass es sich bei Sex-Zwangsarbeit um sexualisierte Gewalt und Vergewaltigung handelt. Dies müsste aber durch die betroffenen Frauen selbst benannt und definiert werden. Der zerstörerische Kern sexualisierter Gewalt ist von außen nicht messbeziehungsweise einschätzbar, da er sich (abgesehen von unmittelbar physischen Auswirkungen der Gewalterfahrung) vor allem auf die psychische Ebene der Betroffenen auswirkt.[129] Dass diese

---

[127] Die Ravensbrück-Überlebende Irma Tsarsk, in: Das große Schweigen – Bordelle in Konzentrationslagern (1995), Dokumentation, 30 Minuten, Regie: Maren Niemeyer, Caroline von der Tann, Produktion, Deutschland: ARD/ORB.
[128] Jede Arbeit im KZ hatte Zwangscharakter. Von Freiwilligkeit im eigentlichen Sinn kann also nicht die Rede sein. Auf den „Mythos der Freiwilligkeit" wird in Kapitel IV und V noch ausführlich eingegangen.
[129] „Wildwasser" und „Tauwetter", Berliner Beratungsstellen für Betroffene sexualisierter Gewalt, beschreiben den zerstörerischen Kern sexualisierter Gewalt als die Erfahrung, auf ein Objekt reduziert zu werden, das eine andere Person nach Belieben benutzen und ausbeuten kann. Das Menschsein der Betroffenen (das heißt als Subjekt mit eigenen Wünschen, Bedürfnissen und Interessen zu existieren) wird komplett negiert. Diese totale Reduzierung der eigenen Handlungsmöglichkeiten und der damit einhergehende Ausschluss aus der menschlichen Gemeinschaft gewinnt eine existenzbedrohende Dimension. Deshalb erleben Betroffene sexualisierter Gewalt häufig nicht nur ein situatives Ausgeliefertsein verbunden mit Hilflosigkeit, sondern es droht eine dauerhafte, grundsätzliche psychische Ohnmacht, die weit über die erlebte Gewaltsituation hinaus wirkt (vgl. hierzu: Wildwasser – Arbeitsgemeinschaft gegen sexuellen Missbrauch an Mädchen (2007), Sexuelle Gewalt, aktuelle Beiträge aus Theorie und Praxis, Berlin: Selbstverlag. Und: Schlingmann, Thomas (2003), Männ-

Definitionsmacht bei den ehemaligen Sex-Zwangsarbeiterinnen liegt, wurde jedoch durch das gesellschaftliche Klima und die männliche Dominanz innerhalb der Häftlingsgemeinschaft unmöglich gemacht. Diese verweigerte Subjektposition (ergo Objektivierung) und die Verunmöglichung des Sprechens hatten eine Definition von außen zur Folge.[130] Dabei kann aber sexualisierte und sexuelle Gewalt gerade im Spannungsfeld von Prostitution und Zwangsprostitution nur auf der Subjektebene der Betroffenen definiert werden. Von einer gewissen „Routine" bei zehn Männern pro Abend auszugehen, sagt weder etwas aus über die ständige Bedrohung durch den Tod, die serielle Gewalterfahrung oder wie die Frauen diese Prozedur erlebten und erdulden mussten.

Diese Betroffenen-Perspektive ist auch innerhalb der Holocaustforschung kaum vorhanden. Stattdessen finden sich dort Kontinuitäten, die individuelles Leid negieren und weiterhin eine eindimensionale Geschichte der Lagerbordelle erzählen. Um auf diesen Missstand hinzuweisen, folgt nun an dieser Stelle eine textkritische Auseinandersetzung mit der 2009 erschienenen Monografie „Das KZ-Bordell" von Robert Sommer, die momentan das einzige aktuelle und umfangreiche Werk zu Lagerbordellen und Sex-Zwangsarbeit ist. Anhand von drei beispielhaften Textauszügen werden Sommers Reproduktionen eines unkritischen und androzentristisch geprägten Wissensbestands sowie

---

lichkeit und sexualisierte Gewalt gegen Jungen, in: Switchboard. Zeitschrift für Männer und Jungenarbeit, Nr.157, April/Mai 2003, Hamburg: Verlag Männerwege). Weiterführend zum Thema Sexualisierte Gewalt: Zuckerhut, Patricia/ Grubner, Barbara (2011), Gewalt und Geschlecht: sozialwissenschaftliche Perspektiven auf sexualisierte Gewalt, Frankfurt am Main: Lang.

[130] Diese Definition kann als erneute Re-Objektivierung verstanden werden. Das Erlebte nicht selbst benennen und definieren zu können, wird von vielen Betroffenen erneut als völlige Beschränkung der eigenen Handlungsmöglichkeiten erlebt. Die Auswirkungen der durch sexualisierte Gewalt erlittenen Ohnmacht werden weiter verstärkt. Ausführlich zum Konzept des „Othering" siehe Kapitel I. Einleitung.

dessen Integration in seine Perspektive aufgezeigt und im Anschluss begründet:

„Für viele Sex-Zwangsarbeiterinnen war die sexuelle Ausbeutung gemessen an den Erfahrungen der permanenten physischen Gewalt, des Hungers und des massenhaften Sterbens im KZ ein geringeres Übel, insbesondere weil das Maß an sexueller Gewalt überschaubar war und durch persönliche Beziehungen gemindert werden konnte."[131]

„Letzteres [das Wiedereinsetzen der Menstruation während der Zeit im Lagerbordell, V.S.] hatte sicher zu tun mit der besseren Versorgung mit Lebensmitteln, einer zufrieden stellenden Hygiene, dem Ende der schweren körperlichen Arbeit und dem Ausbleiben der permanenten physischen Gewalt von SS oder Aufseherinnen. In jedem Fall bedeutete das Einsetzen der Menstruation ein Aussetzen von der Sex-Zwangsarbeit."[132]

„Die von der SS konstruierte Bordellsituation widersprach jedoch den Erwartungen der Häftlinge diametral. Der Ablauf der Besuche im Lagerbordell ließ weder Intimität, Emotionalität noch Lust zu. […] Auf der anderen Seite waren viele Männer nicht in der Lage zum Geschlechtsverkehr und erfuhren dadurch ein weiteres Mal ihre eigene Demaskulinisierung und damit wiederum partiell ihre Dehumanisierung."[133]

Das erste Beispiel macht deutlich, wie sehr seine verkürzten Festschreibungen die subjektive Dimension dieser zerstörerischen Gewaltform und das durch sie erfahrene physische und psychische Leid der Frauen ausblenden. Durch Vergleich und Bewertung manifestiert Sommer eine antifeministische Aufarbeitung sexualisierter und sexueller Gewalt.

---

[131] Sommer, Robert (2009), Das KZ-Bordell, S. 275-276.
[132] Ebd., S. 214.
[133] Ebd., S. 252.

Im zweiten Textauszug negiert Sommer Sex-Zwangsarbeit als „schwere körperliche Arbeit" und wertet sie im Gegenteil als gewaltfrei. Da er die SS als dauernde gewaltausübende Instanz ausklammert, kann davon ausgegangen werden, dass Sommer hier den Häftlingen, die das Bordell besuchen, keine (sexuelle) Gewaltausübung zuschreibt.

Im dritten Zitat blendet er den Faktor der Sex-Zwangsarbeit völlig aus. Der Fokus liegt allein auf der Perspektive der männlichen Häftlinge: Das Bordell bot ihnen einerseits nicht, was sie erwartet hatten (Lust und Vergnügen), und wenn sie andererseits physisch nicht in der Lage waren, Geschlechtsverkehr auszuüben, wurden sie erneut zu Opfern. Dass die Frauen, die für das Bordell ausgebeutet wurden, bereits auf der untersten Stufe der Entwertung und Entmenschlichung angekommen waren (Frauen, die als „Asoziale" in KZ-Haft kamen und schließlich zur „Leistungssteigerung" missbraucht wurden), und dass ihnen dort noch weitere Demütigungen widerfuhren, stellt Sommer in diesem Zusammenhang nicht dar. Diese „romantisierten" und gewaltfreien Darstellungen zeigen exemplarisch die Verharmlosung des Schicksals und der Leiderfahrungen der Sex-Zwangsarbeiterinnen.

Zwar ist Robert Sommers Forschung über Lagerbordelle und die Auswertung der überlieferten Fakten von großem Wert und beleuchtet in großem Umfang dieses unterrepräsentierte Thema innerhalb der Holocaust Studies (auch ist die öffentliche Aufmerksamkeit, die er dem Thema mit dieser Studie bescherte, nicht zu unterschätzen), allerdings muss genau aus diesem Grund auf seine Standpunkte und die davon ausgehenden Relativierungen kritisch hingewiesen werden. Nur so kann einer erneuten Reproduktion von Stereotypen gegenüber sexualisierter Gewalt sowohl innerhalb der Wissenschaft als auch des gesellschaftlichen Diskurses vorgebeugt werden. Die Lagerbordelle waren mehr als nur ein Teil des Prämiensystems. Sie gehörten zu einem System sexueller Verbrechen, die im Nationalsozialismus gezielt an Frauen innerhalb und außerhalb der Konzentrationslager begangen wurden.

Berichte über Lagerbordelle

Bis heute gibt es nur vier Frauen, die als ehemalige Sex-Zwangsarbeiterinnen über ihre Zeit im Bordell berichtet haben. Zwei davon lehnten eine Veröffentlichung ihrer Berichte ab, diese werden im Archiv der Gedenkstätte Neuengamme aufbewahrt.[134] Über die Lagerbordelle im Lagerkomplex Auschwitz existierte nur ein einziger Bericht, er wurde allerdings vom Ehemann der berichtenden Sex-Zwangsarbeiterin zurückgefordert. Die Mitarbeiter_innen des Archivs des staatlichen Museums Auschwitz händigten ihn daraufhin aus. Der Bericht gilt seither als verschollen.[135] Öffentlich zugänglich sind lediglich das Interview von Christa Paul mit Frau W. und das mit Frau M. im Film „Das große Schweigen"[136].

Durch die Klassifizierung als „Asoziale" blieben viele ehemalige Sex-Zwangsarbeiterinnen gesellschaftlich stigmatisiert. Nicht-deutschen Sex-Zwangsarbeiterinnen wurde, insofern sie als „politisch Verfolgte" in ein Konzentrationslager eingewiesen worden waren, der Status als Opfer des Nationalsozialismus zuerkannt. Diese Frauen mussten aber ihre Zwangsarbeit im „Bordellkommando" verschweigen, weil sie sich sonst dem Vorwurf der Kollaboration ausgesetzt hätten.[137] Einen Ausschluss erfuhren die Frauen auch aus Geschichtsschreibung und gesellschaftlicher Erinnerung, weil die Sex-Zwangsarbeiterinnen die vermeintlich eindeutige Geschichte der nationalsozialistischen

---

[134] Ebd., S. 25.
[135] Ebd., S. 233.
[136] Das große Schweigen – Bordelle in Konzentrationslagern (1995).
[137] Sommer, Robert (2009), Zur Verfolgungsgeschichte „asozialer" Frauen aus Lagerbordellen, S. 184.
Auf die häufig geäußerte Behauptung der Kollaboration wird in Kapitel V genauer eingegangen.

Verfolgung und der Konzentrationslager verwischen würden. Sie erfuhren kaum öffentliche Anerkennung oder Rehabilitierung.[138]

Die Darstellungen der Zwangsarbeit und Lebensbedingungen in den Lagerbordellen sind daher vor allem von männlichen Häftlingen geprägt und vielfach rezipiert worden. Dies zeigte bereits das Beispiel Eugen Kogons in Kapitel II und soll nun durch weitere Auszüge aus Publikationen Überlebender verdeutlicht werden.[139]

Der Norweger Odd Nansen veröffentlichte wie Kogon seine Aufzeichnungen bereits 1946 bzw. 1949 in deutschsprachiger Übersetzung:

„Man hat ein Freudenhaus im Lager errichtet. [...] Es sind Huren dort. [...] Es handelt sich um Gefangene, die sich „freiwillig" gemeldet haben."[140]

Seine frühe Beschreibung weist auch daraufhin hin, wie sehr sich die Bordell-Erzählung zu diesem Zeitpunkt schon an gesellschaftliche Vorgaben anpasste.

Auch die Beschreibungen des Auschwitz-Überlebenden Tadeusz Borowski vermitteln ein völlig verzerrtes Bild der Lebensrealität im Bordell:

„Die Frauen an den Fenstern sind sehr zärtlich und verlockend [...]. [...] aber wir haben verzichtet [auf den Prämienschein, V.S.]; wir tragen den roten Winkel und überlassen den Kriminellen, was ihnen zusteht. Diese Beschreibung wird daher so leid es mir tut, nur aus zweiter Hand sein, aber sie stützt sich auf so gute Zeugen und alte Nummern wie den Pfleger M. [...]. Auf dem Flur [des Bordellblocks, V.S.] wandeln die vom Fenster bekannten Julias, nachlässig in ihre Morgenmäntel gehüllt [...]. An der Tür liest er noch, daß diese und jene Lager nicht praktiziert werden dürfen, sonst gibt es Bunker, daß nur das und das (im ein-

---

[138] Sommer, Robert (2008), Warum das Schweigen?, S. 150, 164.
[139] Vgl. hierzu auch: Wickert, Christl (2002), Tabu Lagerbordell, S. 50-54.
[140] Nansen, Odd (1949), Von Tag zu Tag, Hamburg: Dulk, S. 187.

zelnen aufgezählt) erlaubt ist, und zwar nur für soundso viel Minuten. Er schickt einen Stoßseufzer zu jenem Guckloch, durch das hin und wieder eine Kollegin hereinschaut, manchmal auch Madame oder der Kommandoführer des Puffs oder gar der Lagerkommandant persönlich. [...] und uns berichtet er dann froh und glücklich von allen Einzelheiten. [...] Die Frauen vom Puff haben außerdem Ausflüge ins Lager unternommen. Nachts sind sie über Leitern aus dem Fenster geklettert und haben sich in Männerkleidern zu Saufgelagen und Orgien begeben."[141]

Auch 40 Jahre später wiederholte Jorge Semprun dieses Muster und beschrieb die Sex-Zwangsarbeiterinnen in seinem 1981 in Deutsch erschienenen Roman „Was für ein schöner Sonntag!" auf besonders abfällige Art und Weise. Er veröffentlichte darin auch ihre Namen, die er in den Abrechnungsbelegen des Lagerbordells gefunden hatte, und bezeichnete die Frauen damit nicht nur als „Nutten", sondern stellte sie auch namentlich bloß:

„Dennoch frage ich ihn, ob er zu den Deutschen gehört, die ins Bordell gehen. Ich frage mich, ob er es normal und tugendhaft findet, eine der Nutten mit Erlaubnis und unter Aufsicht des SS-Unteroffiziers zu ficken, der der Chef und Zuhälter der Nutten ist. Ich frage mich, ob er es normal und tugendhaft findet, sowohl den Nutten, als auch dem SS-Unteroffizier kleine Geschenke mitzubringen, die unentbehrlich sind, damit alles glatt geht, und die aus Konservenbüchsen, Margarine, Parfumfläschchen bestehen, die auf dem Schwarzmarkt des Lagers erhältlich sind und die die Privilegierten von den Tagesrationen der Deportierten zugunsten ihrer Tugend, ihrer Normalität abzweigen. Ich frage mich, ob er feste Nutten im Lagerbordell hat oder ob er irgendeine nimmt. Mit

---

[141] Borowski, Tadeusz (2008), Bei uns in Auschwitz, München: btb Verlag, S. 24-26. Borowskis Erzählungen erschienen bereits 1946 in Polen, aber erst 1963 in deutscher Übersetzung.
Eine verharmlosende Beschreibung des Bordells findet sich außerdem in Hermann Langbeins Buch „Menschen in Auschwitz" aus dem Jahr 1995 (S. 455-460). Zudem zitiert er dort auch Borowski mit obiger Textstelle.

welcher vögelt er? Mit der Stahlheber, mit der Bykowski, die eine der gefragtesten ist?"[142]

Besonders die Erzählungen „politischer" Häftlinge erhielten nach dem Krieg eine breite Öffentlichkeit und überzeichneten oft die Bordell-Realität. Von besonderer Wichtigkeit ist hierbei, dass nur sehr wenige Häftlinge überhaupt Zutritt zum Bordell hatten und die meisten den persönlichen Bordellbesuch in ihren Erinnerungen verschweigen. Daher beruhen *alle* anderen Aussagen, sowohl über die Lebensbedingungen als auch über die Sex-Zwangsarbeiterinnen selbst, auf „Beobachtungen" oder Mutmaßungen.[143]

Die meist völlige Verfremdung dieser Realität und den damit verübten Selbstschutz der „Politischen"[144] zeigt die Aussage von Frau W., eine der wenigen Sex-Zwangsarbeiterinnen, die über ihre Erfahrungen im Bordell berichtete: Sie schildert, wie zwei „politische" Häftlinge sie zwar davor schützten, die übliche Anzahl von acht Männern pro Abend über sich ergehen lassen zu müssen, aber als Gegenleistung dafür exklusiv über Frau W. mit den Worten verfügten: „ [...] aber wenn wir kommen, wir wollen unseren Teil."[145]

Zu den wenigen „politischen" Häftlingen, die später zugaben, das Bordell besucht zu haben, gehörte der Kommunist Ernst Busse, der daraufhin auch mit Sanktionen von Seiten der SED belegt wurde. Durch die Zentrale Parteikontrollkommission wurden Genossen, die sich für politische Ämter bewarben, auf ihre politische Vergangenheit, illegale Arbeit während der KZ-

---

[142] Semprun, Jorge (1994), Was für ein schöner Sonntag!, Frankfurt am Main: Suhrkamp, S. 361.
[143] Amesberger, Helga/Auer, Katrin/Halbmayr, Brigitte (2010), Sexualisierte Gewalt, S. 121.
[144] Zum Selbstschutz siehe Kapitel IV.
[145] Frau W. Zitiert in: Schikorra, Christa (2001), Kontinuitäten der Ausgrenzung, S. 201.
Auch ist dies ein Beispiel, das Robert Sommers oben zitierte Gewaltfreiheit widerlegt.

Haft sowie die „persönliche Gesamthaltung" überprüft. Den ehemaligen Bordellgängern, die eine „moralische Verfehlung" begangen hatten, wurde dann eine Rüge erteilt.[146]

Christl Wickert nimmt an, dass Überlebende, sowohl in der BRD als auch in der DDR, fürchteten, dass das Sprechen über KZ-Bordelle ein Tabu brechen und sie deswegen ihre politische Glaubwürdigkeit einbüßen sowie ihre Anliegen und erfahrenen Leiden nicht mehr geschätzt werden würden.[147] Die Häftlinge, die die Bordelle besuchten und dadurch zum Teil des KZ-Zwangssystems wurden, hatten folglich ein Interesse daran, über diesen Themenkomplex zu schweigen oder sich auf Kosten der Frauen zu entlasten. Etwa durch die Behauptung, dass sie durch die SS beim Geschlechtsverkehr im Bordell entmündigt worden seien. Begründet liegt dies aus der Sicht der Männer darin, dass sie sich die Frau oder die Stellung nicht aussuchen konnten und dabei von der SS beobachtet wurden oder von der SS sogar zum Besuch des Bordells gezwungen wurden.[148] Die Konsequenzen, die das Beschweigen und eigene Entlasten für die betroffenen Frauen hatte, rückten für die Männer in den Hintergrund. Auch das ist ein Hinweis auf das Fort- und Überdauern der hierarchischen Struktur und des Wertschätzungsgefälles der Häftlingsgesellschaft in der Nachkriegszeit.

Hinsichtlich sexualisierter Gewalt gab es nach 1945 weder Nachfragen an Zeitzeug_innen noch einen gesellschaftlichen Umgang mit dem Nationalsozialismus, der eine Bearbeitung dieses Themas ermöglicht hätte. Allerdings wurde die Verdrängung bestimmter Aspekte des Lageralltags und der Dynamiken der Häftlingsgesellschaft von Überlebenden ab einem bestimmten Zeitpunkt auch forciert.[149] Bereits in den 1950ern gab es eine

---

[146] Sommer, Robert (2009), Das KZ-Bordell, S. 267.
[147] Wickert, Christl (2002), Tabu Lagerbordell, S. 45.
[148] Ebd., S. 53
[149] Amesberger, Helga/Auer, Katrin/Halbmayr, Brigitte (2010), Sexualisierte Gewalt, S. 162-163.

Direktive der Lagergemeinschaft Buchenwald, die vorgab, das Bordell bei Führungen nicht zu erwähnen, um möglichen „Missverständnissen" vorzubeugen. Zu dieser Zeit waren hauptsächlich ehemalige Häftlinge in der Lagergemeinschaft, die in der DDR im Ministerium für Staatssicherheit und bei der Volkspolizei beschäftigt waren.[150] Dieser Strategie entsprach auch noch die Haltung der Gedenkstättenleitung in den 1970er Jahren, wie ein unveröffentlichtes Manuskript belegt: „Eine Auskunft über diese Einrichtung in ihrer ganzen Zwiespältigkeit müsste sehr umfangreich sein und würde dem eigentlichen Zweck der Führungen zuwider laufen."[151]

Wie Ronald Hirte, Referent der Gedenkstätte Buchenwald, berichtete[152], schloss die Lagergemeinschaft auch explizit ehemalige Sex-Zwangsarbeiterinnen von den jährlichen Gedenkfeiern aus. In der Gedenkstätte Buchenwald wurde die Existenz des Lagerbordells bis Anfang der 1990er Jahre nicht erwähnt, da es dafür keinen Platz gab im „ [...] Spannungsfeld zwischen Opferbereitschaft und Widerstand."[153]

Auch die meisten Lagerbordell-Baracken wurden nach Kriegsende abgerissen oder schlicht umgenutzt und „ [d]ie Orte des Geschehens wurden – wie eine dingliche Realisierung des Tabus – unkenntlich gemacht."[154]

Hier spiegelt sich deutlich die gesellschaftliche Ächtung von Sexarbeit in den Nachkriegsjahren wider. Außerdem trug die, teilweise bis heute noch aufrechterhaltene Stereotypisierung und Verharmlosung der Frau zu Ehefrau und Mutter sowie Reproduk-

---

[150] Wickert, Christl (2002), Tabu Lagerbordell, S. 55.

[151] Manuskript aus dem Jahr 1978 des Archivs der Gedenkstätte Buchenwald AMGB, 56-8-4, S. 1, zitiert in: Sommer, Robert (2008), Warum das Schweigen?, S. 158.

[152] Mündlicher Bericht Hirtes während einer einwöchigen Exkursion unter Leitung von Stefanie Schüler-Springorum (Zentrum für Antisemitismusforschung) und Darcy Buerkle (HU Berlin) sowie unter Betreuung Ronald Hirtes.

[153] Sommer, Robert (2008), Warum das Schweigen?, S. 158.

[154] Wickert, Christl (2002), Tabu Lagerbordell, S. 50.

tionstätigkeiten zur Tabuisierung und Unterdrückung der Sex-Zwangsarbeit bei. Die betroffenen Sex-Zwangsarbeiterinnen wurden durch die ihnen übergestülpte Scham zum Schweigen gebracht. Falls dennoch über Bordelle gesprochen wurde, dann meist von Männern. Dies ist ein Ausdruck des gegenderten Ungleichgewichts hinsichtlich Bedeutung und Wichtigkeit der Holocaustzeugnisse von Frauen: Sie werden auf eine bestimmte Art und Weise rezipiert und dann jenen der Männer als irrelevant untergeordnet oder erst gar nicht rezipiert, sondern verleugnet.[155]

In den frühen Berichten von KZ-Überlebenden, die kurz nach der Befreiung entstanden, wird das Lagerbordell noch häufig als Teil des Konzentrationslagersystems beschrieben. Zu diesem Zeitpunkt wollten die Überlebenden alles erzählen und alles aufschreiben, auch etwas „Unfassbares" wie die Lagerbordelle, um das KZ-System vollständig darstellen zu können. Ab den späten 1940er und frühen 1950er Jahren wird der Tonfall der meisten männlichen Überlebenden zum Thema Lagerbordelle despektierlicher und zunehmend vorurteilsbehaftet. Begriffe für die Sex-Zwangsarbeiterinnen wie „Huren" oder „Weiber" werden selbstverständlich verwendet und auch der Mythos der „freiwilligen Meldung" etabliert. Der Status als „Verfolgte" wurde den Sex-Zwangsarbeiterinnen vor allem durch andere Häftlinge, die über sie sprachen und berichteten, abgesprochen – eine Strategie, mit der sich diese Häftlinge wiederum selbst in der „idealen Opfergemeinschaft" verorten konnten. Sie wurden auf diese Weise Teil eines Kollektivs, das sich an das Vorgehen der Mehrheitsgesellschaft angepasst hatte, um von dieser nicht länger ignoriert oder moralisch verurteilt zu werden.

Dieser Druck von außen bewirkte, dass die Bemühungen der Überlebenden um Reintegration in eine Gesellschaft, die sich nicht für sie interessierte, intensiviert wurden. Es folgte eine Anpassung an gesellschaftliche Zwänge, Normen, Anforderungen, Denkverbote und Moral. Die Diskriminierung der ehemaligen

---

[155] Ebd., S. 52.

Sex-Zwangsarbeiterinnen mittels Begriffen und Erzählungen manifestierte sich durch die „ideale Opfergemeinschaft" und fand auch Eingang in die juristische Aufarbeitung.[156] In den bundesrepublikanischen Entschädigungsverfahren wurde Sex-Zwangsarbeit nicht als Zwangsarbeit gewertet, stattdessen wurden nationalsozialistische Kontinuitäten reproduziert: vermeintliche „Prostituierte" hätten ihre „Asozial"-Kategorisierung im NS durch Rechtsverletzung selbst zu verantworten. Oder, wie Christa Schikorra diese Ignoranz beschreibt: „Die Annahme des „selbstverschuldeten Unrechts" spricht ihnen jegliche Rehabilitierung und Anerkennung ab."[157]

Auch in der Holocaustforschung und in Zeitzeug_inneninterviews wurde Sex-Zwangsarbeit weder im Kontext der Zwangsarbeit verortet noch als solche wahrgenommen, analysiert oder verhandelt.

Die Beschämung durch Gesellschaft und Rechtsstaat projizierte ein Tabu auf die Lagerbordell-Thematik und brachte damit fast alle betroffenen Frauen endgültig zum Schweigen. Durch ihr Nicht-Sprechen blieben auch die Häftlinge, die das Bordell besucht hatten, im Dunkeln. Dies hatte zur Folge, dass sich jene Männer der Verantwortung, Teil des Sex-Zwangsarbeitssystems gewesen zu sein, entziehen und weiterhin zum Kollektiv der „idealen Opfer" gehören konnten.[158]

Zusammenfassend lässt sich festhalten, dass Zwangsarbeit in Lagerbordellen, die im Nachhinein zumeist nicht als solche benannt oder in diesem Kontext analysiert wurde, von den Überlebenden mit anderen Maßstäben beurteilt worden ist. Dies war beispielsweise bei anderen Kommandos, die bessere Überle-

---

[156] Auch juristisch wurde der Sex-Zwangsarbeit eine „Freiwilligkeit" attestiert, daher konnte eine Leiderfahrung nicht gültig gemacht werden.

[157] Schikorra, Christa (2000), Prostitution weiblicher KZ-Häftlinge als Zwangsarbeit: zur Situation „asozialer" Häftlinge im Frauen-KZ Ravensbrück, in: Dachauer Hefte: Studien und Dokumente zur Geschichte der nationalsozialistischen Konzentrationslager, Band 16.2000, Dachau: Verlag Dachauer Hefte, S. 112-124, hier S. 124.

[158] Wickert, Christl (2002), Tabu Lagerbordell, S. 51, 53.

bensbedingungen ermöglichten, nicht der Fall, obwohl sich die Häftlinge, die in diesen Kommandos tätig waren, einen Vorteil gegenüber anderen Häftlingen verschafften.[159] „Traditionellen Vorurteilsstrukturen folgend schrieb man die Schuld für die Verfolgung den Betroffenen selbst zu"[160] und griff damit auf eine Wertehierarchie zurück, die ein Ungleichgewicht zwischen Menschen aufgrund sozialer und kultureller Normen schuf. Hinzu kommt eine Überlagerung der Sex-Zwangsarbeit durch eigene Leidenserfahrungen, die ein breiteres Wissen und eine gesellschaftliche Auseinandersetzung mit dieser Thematik verhinderte.[161] Das Silencing der Sex-Zwangsarbeiterinnen und der anderen so genannten „vergessenen Opfer", verhinderte eine Konkurrenzsituation um Ansprüche, Ansehen und Glaubhaftigkeit und nährte stattdessen die positive, gemeinsame Identifikation der „idealen Opfergemeinschaft".

Die Häftlingsgesellschaft war aber trotzdem und vor allem eine Zwangsgemeinschaft, die sowohl von tradierten Werten und Vorurteilsstrukturen als auch von lagerintern entstandenen Abgrenzungen und Diskriminierungen bestimmt wurde. In vielen Zeugnissen deutscher Häftlinge sind immer noch die Moralcodes der NS-Zivilgesellschaft spürbar, die diese in die Lager mitnahmen und am Ende wieder mit ihnen zurückkehrten. Das „univers concentrationnaire"[162] veränderte trotz der Not, Enge und Abhängigkeiten seiner Bewohner_innen oft nicht deren verinnerlichten Normen und Werte. Auch Ruth Klüger weist in „weiter leben" auf diesen Trugschluss hin: „ [...] was erwarte man denn, Auschwitz sei keine Lehranstalt für irgendetwas gewesen und schon gar nicht für Humanität und Toleranz."[163] Deutlich wird dies zum Beispiel in der Frage nach der Anerkennung des Opferstatus und den Vor-

---

[159] Schikorra, Christa (2001), Kontinuitäten der Ausgrenzung, S. 197.
[160] Ebd., S. 237.
[161] Ebd., S. 229, 236. Ausführlich hierzu siehe Kapitel II.1.
[162] „L'Univers concentrationnaire" ist der Titel der Memoiren David Roussets. Die englische Entsprechung lautet „concentrationary universe".
[163] Klüger, Ruth (1993), weiter leben: eine Jugend, S. 72.

würfen der Kollaboration, die den Sex-Zwangsarbeiterinnen vor allem nach dem Krieg gemacht wurden.[164] Die ausgewählten Interviews, die Forschungsgegenstand dieser Arbeit sind, werden unter anderem sowohl diese Kontinuität von Vorurteilen und Stereotypen aus den Lagern, als auch die Adaption nationalsozialistischer Kategorien und Stigmatisierungen durch die Häftlinge sichtbar machen. Ihre Analyse soll Widersprüche aufdecken und aufzeigen, wie die männlichen Häftlinge die Sex-Zwangsarbeiterinnen, aber auch ihre eigene Meinung reflektierten.[165]

---

[164] Amesberger, Helga/Auer, Katrin/Halbmayr, Brigitte (2010), Sexualisierte Gewalt, S. 342.
[165] Ebd., S. 37, 113.

IV. Sex-Zwangsarbeit in Zeugnissen von Überlebenden – eine Interpretation anhand ausgewählter Interviews

Der Anspruch an Zeitzeug_innenberichte ist vielfältig: sie sollen die Wirklichkeit bekräftigen, Ereignisse vor dem Vergessen bewahren und Zeugnis des eigenen Überlebens sein. Zeithistorisch betrachtet wurden Zeugnisse jedoch zuerst als Aussagen in NS-Prozessen verwendet, erst Jahrzehnte später sollten sie in großem Umfang archiviert, systematisiert und gewertschätzt werden.[166] Sie ersetzen jedoch in keiner Hinsicht historische Dokumente, geben aber Einblick in die Häftlingsgesellschaft, in Häftlingsbeziehungen untereinander, in das Lagerleben und die Lebensbedingungen der Verfolgten an verschiedenen Orten während des Holocaust.[167]

Die vorangegangenen Kapitel bilden zusammen den Rahmen für die folgenden Interpretations- und Analyseteile IV und V: Kapitel II erläuterte den Begriff der „idealen Opfergemeinschaft" und führte in die Häftlingsgesellschaft und deren Machtstruktur ein. Die dargestellten Sprecher_innenpositionen, dominanten Narrative und Zuschreibungen („Othering") machten deutlich, welche Überlebenden Erfahrungen aus dem Holocaust artikulieren und somit das Narrativ mitgestalten konnten. Kapitel III fasste aktuelles Faktenwissen zusammen: Es wurden a) sexualisierte Gewalt und Sex-Zwangsarbeit im Kontext der Holocaustforschung beschrieben und verortet, b) historische Fakten zu Lagerbordellen und den Sex-Zwangsarbeiterinnen dargestellt sowie

---

[166] Dazu ausführlich: Kapitel II.2.
[167] Schikorra, Christa (2001), Kontinuitäten der Ausgrenzung, S. 20-21.

c) der gesellschaftliche Umgang, die Erinnerung und Rezeption dieser Gewaltverbrechen im Nationalsozialismus dargestellt. Diese Vorüberlegungen spiegeln sich auch in der getroffenen Interviewauswahl für die nächsten beiden Kapitel wider, da die Sprechenden eindeutig der „idealen Opfergemeinschaft" zugeordnet werden können. Es sind Männer, die entweder bald nach Kriegsende oder in den 1990er Jahren interviewt wurden und sich an die bereits beschriebenen Forderungen angepasst hatten oder ihre Deutungshoheit festigten.

Durch diese Rahmung wird jetzt eine Gegenüberstellung von Fakten und Zeitzeugnissen möglich. Die relativ neuen Forschungsergebnisse zu Lagerbordellen und Sex-Zwangsarbeit dienen dabei als Referenzfolie für das ausgewählte Interviewmaterial. Auf diese Weise werden die bestehenden Verhältnisse deutlich gemacht: Es sind in der Mehrheit männliche Überlebende, die über Sex-Zwangsarbeit und die von ihr betroffenen Frauen berichten. Ihre Zeugnisse basieren hauptsächlich auf Hörensagen und blieben lange aufgrund der historisch nicht gesicherten Faktenlage uneingeschränkt gültig. Mittels der hier vorgestellten Forschungsergebnisse können diese Zeugnisse nun abgeglichen werden. Diese Aufgabe übernehmen im Folgenden die Interpretation und Analyse des ausgewählten Materials.

Im vierten Kapitel wird zunächst die Auswahl des verwendeten Interviewmaterials dargestellt und die Beschränkung auf männliche Überlebende begründet. Anschließend werden exemplarisch drei Interviews interpretiert. Als Primärquellen geben sie ungefiltert jene Bilder, Normen, Werte und Stereotype wieder, die zum Ausschluss der Sex-Zwangsarbeiterinnen führen. Ihre Interpretation erfolgte sehr dicht am Text und steht beispielhaft für den Umgang mit dem Gesamtmaterial, das für diese Forschungsarbeit untersucht wurde: Sich wiederholende Ausschlussmechanismen in den Interviews wurden identifiziert, zu Kategorien zusammengefasst und schließlich interpretiert. Quellenkritisch wird so aufgezeigt, wie sehr dieses „Sprechen über" Tatsachen schuf, die zum einen den gesellschaftlichen Diskurs über sexualisierte

Gewalt und Sex-Zwangsarbeit in Konzentrationslagern prägten, und zum anderen das Leid der Sex-Zwangsarbeiterinnen bagatellisierten. Dieser Schritt war nötig, um in der Analyse in Kapitel V die Funktionen der zuvor benannten Ausschlussmechanismen darstellen zu können. Durch die Untersuchung dieser Zeugnisse rücken die „Perspektive des Ausschlusses" und damit die vergessenen Sex-Zwangsarbeiterinnen in das Zentrum der Arbeit. Das angeführte zweistufige Vorgehen verdeutlicht den Untersuchungsprozess, seine Teilergebnisse und Endresultate.

1. Die Recherche des Interviewmaterials für Interpretation und Analyse

Nach geeignetem Material wurde unter anderem im Bestand zweier Archive, die sich hauptsächlich mit Erfahrungen und Erlebnissen von Überlebenden des Holocaust beschäftigen, recherchiert. Außerdem wurde auf Interviewmaterial zurückgegriffen, das sich explizit mit der Thematik „Sex-Zwangsarbeit/ Lagerbordelle" beschäftigt.

Der Großteil der untersuchten Quellen stammt aus dem Visual History Archive der Shoah Foundation[168] (VHA) sowie aus dem Filmmaterial zu „Das große Schweigen"[169] von Maren Niemeyer und Caroline von der Tann. Besonderer Dank gilt an dieser Stelle Maren Niemeyer, die sämtliches, auch unveröffentlichtes Filmmaterial zur Verfügung stellte und damit eine sehr große Hilfe für die vorliegende Forschungsarbeit war.

Des Weiteren wurde auf das Archiv David Boders zugegriffen, das Online als „Voices of the Holocaust"[170] frei zugänglich

---

[168] Interviews mit Überlebenden, Befreiern und Zeug_innen des Holocaust: Visual History Archive, FU Berlin. Im Weiteren: VHA.
[169] (Un)Veröffentlichtes Interviewmaterial: Das große Schweigen – Bordelle in Konzentrationslagern (1995).
[170] Interviews mit Überlebenden in DP-Camps, für die Boder drei Monate lang

ist. Und schließlich waren auch die Interviews, die Christa Paul[171] Anfang der 1990er Jahre mit männlichen Überlebenden geführt hat, eine ergiebige Quelle. Es wurde ausschließlich auf deutsch- und englischsprachiges Material zurückgegriffen.

Durch die Schlagwortkataloge und detaillierten Suchfunktionen (beides englisch) der beiden Archive, war es möglich, themenrelevante Ausschnitte zu ermitteln. Bereits die Aufbereitung der Interviews in den Archivbeständen ließ erahnen, auf welche Weise das Thema Sex-Zwangsarbeit attributiert und für die Recherche erschlossen wurde: In der Datenbank des VHA erzielte das Schlagwort „camp brothel" 105 Treffer. Davon waren 41 in englischer und 14 in deutscher Sprache.[172] 42 Männer und 13 Frauen berichteten über Sex-Zwangsarbeit. Insgesamt wurde in den 55 Interviews nur sechs Mal direkt von der Interviewer_in nach Bordellen in den Lagern gefragt. Von jüdischen Frauen als Sex-Zwangsarbeiterinnen sprechen vier Männer. Im VHA waren zudem die Suchergebnisse des Schlagwortes „prostitution" identisch mit denen des Suchbegriffs „camp brothel". Die Schlagworte „rape", „sexual violence", „abuse" oder „forced labour" erzielten hingegen keine arbeitsrelevanten Interviewtreffer. In den durch Leitfäden strukturierten Interviews des VHA gibt es keinen einheitlichen Kontext (wie etwa „Zwangsarbeit" oder „Gewalt im Lager"), in dessen Rahmen Fragen gestellt oder Antworten zu diesem Themenkomplex gegeben werden. Die Überlebenden sprechen die Existenz der Lagerbordelle meist selbst an. Häufig sind die Fragestellungen der Interviewer_innen zu diesem Themenkomplex aber unbefriedigend, da Erzählungen der Überlebenden oft nicht weiter vertieft, unsensibel oder uninteressiert abgebrochen werden. Aus diesem Grund wurden aus dem

---

Überlebende und Flüchtlinge interviewte und so 90 Stunden Material auf Tonband aufzeichnete: http://voices.iit.edu/

[171] Paul, Christa (1994), Zwangsprostitution. Staatlich errichtete Bordelle im Nationalsozialismus, Berlin: Hentrich.

[172] Die restlichen 50 Interviews waren in Hebräisch und Polnisch geführt worden, so dass die Autorin diese aufgrund der Sprachbarriere nicht auswerten konnte.

VHA-Bestand nur 22 geeignete Interviews für eine Untersuchung ausgewählt.[173]

Im Archiv „Voices of the Holocaust", in dem die Tonbandaufzeichnungen David Boders digitalisiert wurden, führten erneut die Schlagworte „brothel" und „prostitute" zu drei nützlichen Interviews. In einem davon berichtet die Überlebende Fira Monk über eine jüdische Frau, die im Bordell von Buchenwald gewesen sei und dort Sex-Zwangsarbeit habe leisten müssen.[174] Die Ergebnisse der Online-Suchbegriffe „sex", „molested", „abuse", „exploitation" und „forced labour" bezogen sich nicht auf Sex-Zwangsarbeit und blieben daher für den Themenkomplex irrelevant. Schließlich wurden zwei Interviews verwendet.

Die Interviews, die Maren Niemeyer und Christa Paul mit männlichen Überlebenden geführt haben, beziehen sich ausschließlich auf Lagerbordelle und Sex-Zwangsarbeit und sind daher in vollem Umfang verwendbar.

Insgesamt konnten also 33 Interviews ausgewählt und die themenrelevanten Ausschnitte für diese Arbeit ausgewertet werden. Sieben davon beschäftigen sich explizit mit dem Thema Sex-Zwangsarbeit. Bis auf zwei schriftlich festgehaltene Interviews wurden alle anderen auf Tonband oder Video aufgezeichnet und digitalisiert.

Gründe für die Fokussierung auf männliche Überlebende

Im Rahmen der Recherche bildeten sich zwei Gruppierungen heraus, die über die Sex-Zwangsarbeiterinnen auf unterschiedlichen Zeit- und Ortsebenen sprachen: Zum einen waren dies ehe-

---

[173] Ein genaues Primärquellenverzeichnis hängt der Arbeit unter Punkt VII. an.
[174] Wie bereits erwähnt, werden Interviews weiblicher Überlebender in dieser Publikation nicht verwendet. Das Interview ist dennoch interessant in Bezug auf den Vorwurf der Kollaboration mit den Deutschen an jüdische Frauen durch Sexarbeit in den Lagerbordellen.

malige weibliche Häftlinge aus Ravensbrück, die über die „asozialen" Frauen berichteten, von der Rekrutierung durch die SS erzählten, die Reaktionen der anderen „nicht-asozialen" Häftlinge und teilweise auch die Erzählungen der Sex-Zwangsarbeiterinnen wiedergaben, die aus den Bordellen nach Ravensbrück zurückkehrten.

Die andere Gruppe umfasst männliche Häftlinge, die zur Zeit des Bestehens der Lagerbordelle selbst in den jeweiligen Konzentrationslagern inhaftiert waren. Sie geben „Beobachtungen", Hörensagen und eigene Beurteilungen über die Sex-Zwangsarbeiterinnen und ihre Lebensbedingungen wieder. Hinzu kommt, dass sie die „Zielgruppe" der bereits erwähnten „Prämien-Vorschrift" und damit auch des Bordellbetriebs waren. Außerdem wird davon ausgegangen, dass in Männerzusammenhängen mit großer Wahrscheinlichkeit häufiger und intensiver über die Bordelle gesprochen, Informationen über die betroffenen Frauen ausgetauscht und schließlich auch bewertet wurden. In vielen Zeugnissen hat diese Form des Sprechens über Sexualität auch die Funktion der Bestätigung männlicher Identität, die auf diese Weise wieder als dominant wahrgenommen werden kann.[175] Die Männer äußerten sich in den Interviews zum Themenkomplex „Lagerbordelle/Sex-Zwangsarbeit" sowohl auf Nachfrage als auch sehr häufig von sich aus. Die Frauen sprachen selten darüber und meist nur, wenn sie darauf angesprochen wurden.

Die Begrenzung der Interviewauswahl auf eine der beiden Gruppen war notwendig, um den theoretischen Ansprüchen dieser Arbeit gerecht zu werden. Die Wahl fiel daher aus folgenden Gründen auf die Gruppe der männlichen Überlebenden: Zum einen war der „Nahkontakt" mit den Sex-Zwangsarbeiterinnen Männern vorbehalten, die zur Zeit ihrer Ausbeutung Häftlinge im selben Lager waren. Auch wenn es sich dabei oft nicht um direkten persönlichen Kontakt handelte, waren sie diejenigen, die sich in unmittelbarer Umgebung der Lagerbordelle befanden und

---

[175] Hierauf wird in Kapitel V noch ausführlich eingegangen.

damit auch im Dunstkreis des „männlichen Erfahrungsaustauschs". Zum anderen wurden sie dadurch zu Multiplikatoren von Gerüchten, die sich im Laufe der Zeit als Wahrheiten manifestierten. Gegen die Untersuchung der Zeugnisse weiblicher Überlebender sprach, dass die Häftlinge in Ravensbrück „nur" die Rekrutierungs- und Rückkehrphase der überlebenden Sex-Zwangsarbeiterinnen erlebten. Sie partizipieren daher am Diskurs über Sex-Zwangsarbeit auf einer anderen Ebene, sowohl zeitlich als auch geografisch.[176]

Dies schließt allerdings an die geschichtlich sehr problematische Kontinuität an, dass auch in dieser Publikation die betroffenen Frauen selbst *nicht* zu Wort kommen. Stattdessen rücken wieder jene in den Mittelpunkt, die bereits ihre Geschichte erzählen konnten, die sich ihren Platz in der „idealen Opfergemeinschaft" gesichert haben. An diesem Punkt verändert sich jedoch das gängige Schema: Wurden die bis dato geäußerten „Beobachtungen" und Mutmaßungen über Sex-Zwangsarbeit in Konzentrationslagern als gültige Narrative akzeptiert, werden diese, und damit auch ihre Erzähler, anhand der im vorigen Kapitel aufgezeigten Forschungsergebnisse über die Lebensrealitäten in KZ-Bordellen in Frage gestellt.[177]

2. Drei exemplarische Interviewinterpretationen

Anhand dreier Einzelinterviews werden exemplarisch die für das Gesamtmaterial vorgenommenen Arbeitsschritte vorgestellt. Die Wahl fiel auf diese Quellen, da sie in relativ kurzen Ausschnitten eine große Bandbreite der verschiedenen produzierten Bilder und Bewertungen aufzeigen und so eine Vorstellung von

---

[176] Dies stellt ein weiteres hoch interessantes Untersuchungsfeld dar, das im Rahmen dieser Arbeit aber nicht berücksichtigt werden konnte.
[177] Statistische Auswertung und Faktenrecherche zu KZ-Bordellen vgl. Sommer, Robert (2009), Das KZ-Bordell.

den ausgewerteten Interviews gewonnen werden kann. Der Abdruck dieser drei Beispiele erfüllt in gewisser Weise auch die Funktion einer Veröffentlichung und soll ein Bewusstsein dafür schaffen, dass solche Quellen existieren und wie sie inhaltlich gestaltet sind. In ihren Interpretationen lassen sich Wiederholungen nicht ausschließen. Allerdings sind diese gleichzeitig auch wichtige Marker für die gesuchten Ausschlussmechanismen, ihre Muster und Häufigkeiten.

Den einzelnen Interpretationen wird jeweils eine kurze Biografie der Interviewten als Einführung sowie ein kurzer historischer Abriss des jeweiligen Lagerbordells vorangestellt. Der Textkorpus der Interviews wird anschließend zunächst unkommentiert wiedergegeben, damit sich die Leser_innenschaft selbst einen ersten Eindruck verschaffen kann. Hierbei handelt es sich um jene Ausschnitte, die sich auf Lagerbordelle und Sex-Zwangsarbeit beziehen. Die übrigen Teile der Interviews sind insofern bedeutsam, als dass sie das eigene, das persönliche Leid der „idealen Opfergemeinschaft" darstellen. Durch die faktische Darstellung des Themenkomplexes „Sexualisierte Gewalt und Sex-Zwangsarbeit" in Kapitel III wird beim Lesen der Interviews schnell deutlich werden, wie sehr die Erinnerungen der männlichen Überlebenden von den historisch belegten Umständen abweichen.

Auch wenn der jeweilige Interviewausschnitt im Verhältnis zum Rest des Berichts sehr kurz erscheint, finden sich darin komprimiert zahlreiche Ausschlussmechanismen. Diese ließen sich zu insgesamt fünf Interpretationskategorien zusammenfassen und auf das Gesamtmaterial anwenden. Strukturgebend für diese Kategorisierung waren daher auch Konzepte von Gender, Sexualität, Sex, Gender Identity sowie die Diskussion um Zwangsarbeit sowie Leid und Leiderfahrung[178]:

---

[178] Hintergrund für diese Anforderungen bildete das Interesse der Autorin an der Darstellung einer vor allem männlich geprägten Erinnerung an den Holocaust und deren hegemonialer Deutungsmacht. Diese Repräsentationen verweisen entweder auf eine Leerstelle oder verschiedene Interpretationen der

A) Das Spannungsfeld Sex-Zwangsarbeit und „Prostitution"
B) Die Bewertungsstrategien von Lebensbedingungen und Erscheinungsbildern
C) Die Tradierung des Mythos der „Freiwilligkeit"
D) Die Bestimmung über Sexualität und Erotik
E) Die Charakterisierung der Sex-Zwangsarbeit

Die im Folgenden angebotenen Interpretationen ergeben sich durch eine feministische Lesart der Interviews. Besondere Aumerksamkeit kam dabei den männlich dominierten Positionen zu, aus denen heraus Urteile gefällt und Beschreibungen vorgenommen werden, die Stereotype bedienen und den eigenen Standpunkt festigen. Vermeintliche Beobachtungen über und Beschreibungen der Sex-Zwangsarbeiterinnen werden als Tatsachen dargestellt. Indem die Männer anstelle der Frauen sprechen, vermitteln sie Einsichten in Erfahrungswelten, die sie unmöglich haben können.

Interview 1

Das Interview wurde von Maren Niemeyer und Caroline von der Tann für den Dokumentarfilm „Das große Schweigen – Bordelle in Konzentrationslagern" im Rahmen der 50. Befreiungsfeier in den Gedenkstätten Buchenwald und Mittelbau-Dora 1995 aufgenommen. Die beiden befragten Überlebenden waren belgische Häftlinge, die sich schon vor ihrer Haftzeit im KZ kannten. Sie studierten Anfang der 1940er Jahre an der Universität Straßburg Ingenieurswesen und wurden nach der Besetzung des Elsass durch die Nationalsozialisten nach Buchenwald deportiert. Im Außenlager Mittelbau-Dora, in dem in unterirdischen Stollen die V2-Rakete gebaut wurde, mussten sie Zwangsarbeit leisten. Sie waren selbst nie im Lagerbordell, erzählten aber auf Nachfrage von diesem und berichteten über Sex-Zwangsarbeiterinnen und deren Situation.

Nach der Gründung des „Arbeitslagers Dora" am 28. August 1943 wurde bereits Ende 1944 das Häftlingsbordell eingerichtet. Die ersten Sex-Zwangsarbeiterinnen wurden am 18. Februar 1945 dorthin verschleppt, Ende des Monats begann der Bordellbetrieb. Die Frauen dieses ersten Transports wurden wenige Wochen später ausgetauscht. Es ist unklar, was genau mit ihnen geschah, aber mindestens zwei Frauen dieser Gruppe haben den Krieg überlebt. Insgesamt 20 junge Frauen zwischen 21 und 32 Jahren mussten im Bordell Sex-Zwangsarbeit leisten. 16 von ihnen waren deutsche Frauen, zwei stammten aus der Sowjetunion, eine aus Polen und eine aus den Niederlanden. Die meisten waren als „Asoziale" kategorisiert, zwei weitere als „Kriminelle" und eine als „Politische". Sieben dieser Frauen waren zuvor bereits in den Bordellen des Stammlagers Auschwitz sowie Monowitz zur Sexarbeit gezwungen worden und kamen anschließend vor der Eröffnung des Bordells über Bergen-Belsen nach Mittelbau-Dora. Ende März 1945 kamen elf weitere Frauen in das Lagerbordell, eine von ihnen wird in den Unterlagen als „jüdisch" bezeichnet. Mit großer Wahrscheinlichkeit handelt es sich bei dieser Frau um die Kassiererin des Bordells.[179]

Am 3. April 1945 begann die Räumung Mittelbau-Doras, zwei Tage später sollten einige der Sex-Zwangsarbeiterinnen in Viehwaggons nach Bergen-Belsen transportiert werden. Da die Gleise teilweise unterbrochen waren und der Zug zum Stillstand kam, gelang ihnen in der Nacht bis auf eine Frau die Flucht aus dem Transport.[180]

---

[179] Sommer, Robert (2009), Das KZ-Bordell, S. 155-156.
[180] Ebd., S. 156-158, 160. Hierbei handelt es sich um Linda Bachmann, die auch die einzige ehemalige Sex-Zwangsarbeiterin ist, die über das Bordell berichtete. Sie wurde in Ravensbrück für das „Bordellkommando" selektiert und kam über Bergen-Belsen nach Mittelbau-Dora. Aufgrund einer Lungenent-

Das Interview ist insgesamt 19 Minuten lang, der Themenkomplex Sex-Zwangsarbeit stand im Mittelpunkt der Interviewführung. Beim Lesen des Transkripts fallen vor allem jene Mechanismen auf, die die „Anderen" außerhalb der „idealen Opfergemeinschaft" verorten. Dabei ist es wesentlich darauf zu achten, auf welchen Fakten das so tradierte Wissen basiert und was es manifestiert. Besondere Aufmerksamkeit verdient auch der Blick auf die Verhandlung von Zwangsarbeit und Arbeit, die zahlreiche Aussagen als Distanz- und Zuschreibungswerkzeug entlarvt.

Das Interview von Maren Niemeyer mit zwei Überlebenden über das Lagerbordell in Mittelbau-Dora:[181]

Niemeyer: *Hat es hier ein Bordell gegeben?*
Mann 1: Von Anfang an war kein Bordell hier gewesen, dann ist ungefähr sechs Monate vor Schluss ist ein Bordell hier eingerichtet worden, wenn man das sagen kann. Ungefähr an der Stelle, wo jetzt die Museum, die Lagerplatzmuseum steht. Und wir waren dann hier am Appellplatz, stundenlang haben wir hier gestanden, morgens und abends je nach dem, und haben da oben diese Weiber gesehen, die mehr oder weniger nackt waren und haben sich gesonnt. Und wir haben natürlich hier gestanden, das war für uns, sagen wir mal, ein Zeitvertreib, für die, dass [lacht] doch, das stimmt schon. Man hat ja nicht immer können heulen oder irgendwie. Wir haben Witze gekloppt natürlich auch.

---

zündung konnte sie nicht flüchten und wusste auch nicht, wie viele der Sex-Zwangsarbeiterinnen diese Flucht überlebten. Sie wurde erneut nach Bergen-Belsen gebracht, dort kurze Zeit später auf einen weiteren „Evakuierungstransport" verladen und schließlich auf einem Fußmarsch Richtung Neuengamme nahe Trebbin befreit (vgl. ebd., S. 160).
[181] Interview Nr. 21.

Mann 2: Aber es war unmöglich mit diese Frauen zu sprechen, können nicht näher zu kommen.
Mann 1: Das Bordell war nicht für uns, war für die Kapos und den Lagerschutz …
Mann 2: … vielleicht für die SS.
Mann 1: Das weiß ich nicht genau, dass die auch hingegangen sind ist wahrscheinlich, nicht, aber wir haben gar keine Lust dazu, mit den Weibern Verbindung zu nehmen.
Niemeyer: *Waren Sie denn dazu überhaupt in der Lage?*
Mann 1: Nein, das war tatsächlich in der Situation, wo wir waren, mit dem Essen, das wir hatten … es war ganz unmöglich. Wir hatten gar keine Lust dazu [beide lachen].
Mann 2: Aber von weitem sehen, das hat man dürfen, das haben wir auch gerne gemacht. [beide lachen viel die ganze Zeit]
Niemeyer*: Wussten Sie denn, haben Sie denn gesehen, wie alt waren die Frauen ungefähr? Waren das blonde Frauen, deutsche Frauen oder Zigeunerinnen oder jüdische Frauen?*
Mann 2: Sie waren von verschiedene Stadt und von verschiedene Länder.
Mann 1: Wo die hergekommen sind, das kann ich nicht sagen. Wir nehmen an, dass die auch irgendwie Gefangene war, Häftlinge war und die dann vielleicht mitgeholfen haben für hier her zu kommen, also ins Bordell zu kommen, wo doch das Leben weniger schlimm war als wie wenn sie im Lager waren, in irgendeinem andere Lager waren. Vielleicht dadurch haben sie ihr Leben gerettet. Das ist normal, das kann man ganz gut verstehen.
Niemeyer: *Gab es denn so Männergeschichten, die man sich erzählte über das Bordell? Also Geschichten, raconte petite histoire?*
Mann 1: Nein gar nicht. [Beschwichtigt] Also was, [grinst], da kommen wir aber zu einer anderen Thema. Die Lagerschutz, meistens haben zu zweit gewesen. Les enculés, die Arschficker, wissen Sie aber auch was es ist, da war immer

einer der Mann und der andere die Frau. Die sind meistens zu zweit gewesen. Das haben wir alles gewusst, und war auch sonst irgendwie, aber der Lagerschutz, das sind die Polizei vom Lager, die haben wir immer zu zweit gesehen und wussten, dass der eine mit dem anderen geht. Das war halt bekannt gewesen.

Niemeyer: *Haben Ihnen die Frauen auch manchmal auch Leidgetan, weil sie diese Tätigkeit ausüben mussten?*

Mann 1: Warum, nein, wir waren viel schlechter dran wie die. Also die können uns nicht leid getan haben [beide lachen]. Die die, sogar wenn wir hätten können die … ich wäre gerne an ihre Platz gewesen. An ihrem Platz gewesen. [Beide lachen] Die waren doch viel viel besser dran wie wir.

Mann 2: Natürlich.

Mann 1: Es gibt ja andere, die sind ja freiwillig für dieses Handwerk, warum nicht. Das hat uns also auch gar nicht gestört, in der Hinsicht. Die Frauen waren wahrscheinlich auch sehr froh gewesen, weil das viel besser war wie sonst irgendwo.

Niemeyer: *War das denn so, dass die Kapos, dass das umstritten war, dass also die Männer, die ins Bordell gegangen sind, also die Kapos, dass die gerügt wurden von den anderen?*

Mann 1: Nein, also als erstes haben wir das nicht viel gewusst. Wir haben schon gewusst, dass die Kapos und so hingehen, aber da war ja nicht eine Schlange gewesen [lachen beide] einer nach dem andern. So viel, weiß nicht, da waren vielleicht 15 oder 20 Mädels drin. So viel Kapo war hier doch nicht da gewesen, dass die da müssen Schlange stehen, nein.

Mann 2: Ich habe niemals gesehen mehr als zehn Frauen zusammen.

Niemeyer: *Was glauben Sie, was ist der Grund, dass nach dem Krieg so wenig darüber gesprochen wurde, dass es das gab?*

Mann 1: Da haben wir verschiedene Ansichten, eine davon ist so wenigstens: Wernher von Braun, da haben Sie sicherlich schon von gehört, der ist, der war fast Oberchef hier gewesen für die V1, 2 und der ist mehrere Mals hier gewesen. Ich hab ihn persönlich nicht gesehen, ich kann das nicht sagen, aber Kameraden von mir sagen, dass sie ihn gesehen haben.
Niemeyer: Im Bordell?
Mann 1 & 2: Nein! [lachen überschwänglich]
[...]
Niemeyer: *Ich würde gerne noch einmal auf die Frauen zurück. Die Frauen wurden nach '45 nicht erwähnt, die Bordelle. Es weiß kaum jemand mehr in Deutschland, dass es Zwangsbordelle gegeben hat. Was glauben Sie, woran liegt das, dass über das Thema Häftlingsbordell niemand sprechen wollte?*
Mann 1: Weil erstens, uns hat das wenig interessiert, außer dass wir sie da gesehen haben. Und wer soll da viel ... Die Kapos und Lagerälteste und Lagerschutz, die haben gar kein Interesse daran, sowas zu erzählen. Aber ich hab da nicht mehr, keine direkten Sinn dafür. Ich weiß nicht, da kann ich keine direkte Auslegung geben.
Niemeyer: *Ich sage dass, weil sie sind ja auch Opfer des Nationalsozialismus. Die wenigsten Frauen waren freiwillig da und sicherlich [wird unterbrochen]*
Mann 2: Das ist schwer zu sagen.
Mann 1: Können wir nicht sagen. Wissen wir ja nicht. Wir haben ja keine, gar keine Verbindung mit den Leuten gehabt. Wir haben die nur da oben gesehen, wir wissen dass sie da waren, wir wissen, dass die Kapos und so, dass die hingegangen sind, aber wir haben die eigentlich gar nie gesehen. Die sind Abends hingegangen, wenn wir geschlafen haben, aber mehr wissen wir nicht darüber. Darüber kann ich leider keine große Auskunft geben.

„Wo doch das Leben weniger schlimm war": Interpretation des ersten Interviews

Im Interview mit den beiden Überlebenden werden Erzählungen über Sex-Zwangsarbeiterinnen auffällig oft mit eigenen Erlebnissen, Erfahrungen und eigenem Leid kontrastiert. Das „Wir" der Häftlingsgemeinschaft schafft direkt am Anfang des Gesprächs eine Abgrenzung zu den „anderen", den Sex-Zwangsarbeiterinnen und zieht sich durch das gesamte Interview. Dies verstärkt sich durch den abfälligen Begriff „Weiber" weiter, da die beiden Männer zunächst von den Sex-Zwangsarbeiterinnen weder als Frauen noch als Häftlinge sprechen. Auch andere Begriffe wie „Huren", „Dirnen" oder „Prostituierte" markieren diese Einstellung und spiegeln eine selbstverständlich abfällige Sprechweise über Sexarbeit wider. Dieser sprachlich produzierte Ausschluss aus der „idealen Opfergemeinschaft" greift im Verlauf des Interviews noch auf weitere Stereotype zurück. Diese Begriffe sind wegweisend für den Umgang mit der Thematik der Sex-Zwangsarbeit in den meisten Überlebendenberichten. Erst auf die Frage nach der Herkunft der Frauen lenken die beiden Männer ein und bezeichnen die Sex-Zwangsarbeiterinnen als „irgendwie Gefangene [...], Häftlinge". Sie wahren dabei aber die Distanz, bleiben bei Vermutungen und beziehen die Frauen nicht in das Häftlingskollektiv ein, sondern beschreiben ihren Status als möglicherweise dem einer Gefangenen ähnlich.

Alle Berichte und Zuschreibungen, die die Männer während des Interviews liefern, basieren auf Hörensagen. Obwohl es ihnen „[...] unmöglich [war] mit diese Frauen zu sprechen" oder sie gar keine Lust hatten, „mit den Weibern Verbindung zu nehmen", haben ihre Äußerungen für sie uneingeschränkte Gültigkeit.

Die Verwendung despektierlicher und abwertender Terminologie ist oft gekoppelt mit verwerflichen Verhaltensbeschreibungen der Frauen: „[...]die mehr oder weniger nackt waren und [sich] gesonnt [haben]." Dies impliziert zum einen, dass die Sex-Zwangsarbeiterinnen nicht arbeiten mussten, und verstärkt zum anderen nochmals den Kontrast zur „ausgebeuteten Häftlingsgemeinschaft", deren Leid und körperliche Versehrtheit: „Und wir waren dann hier am Appellplatz, stundenlang haben wir hier gestanden, morgens und abends je nach dem [...]". Daher erscheint den berichtenden Überlebenden auch das Beobachten der nackten Frauen als „Zeitvertreib" gerechtfertigt, sozusagen als Ablenkung vom eigenen Leid. Auch „[...] von weitem sehen, das hat man dürfen, das haben wir auch gerne gemacht" unterstreicht den sorglosen und lapidaren Umgang mit dem Schicksal der Frauen. Dieser Voyeurismus wird dabei von den Männern als Abwechslung zum Lageralltag interpretiert und macht die Frauen durch ihre Blicke zu Objekten. Sie werden reduziert auf eine „erotische" Abwechslung unter Ausblendung ihrer Zwangslage und sexuellen Ausbeutung. Die Beobachtung und Bezeichnung anderer Zwangsarbeitsformen als „Zeitvertreib" kann wohl gänzlich ausgeschlossen werden.

Ein weiterer Grund, die betroffenen Frauen nicht als Teil der „idealen Opfergemeinschaft" zu betrachten und zu beschreiben, stellt für die beiden Befragten der Akt „weiblicher Freiwilligkeit" dar beziehungsweise, dass die Frauen sogar „mitgeholfen haben für hier her zu kommen". Diese perfide Zuschreibung „freiwilliger" Sex-Zwangsarbeit kontrastiert erneut das eigene männliche Schicksal im KZ, das permanent von Zwang, harter Arbeit und widrigsten Lebensumständen geprägt war. Folglich ist die eigene Zwangsarbeitserfahrung „im Konzentrationslager" jener der Sex-Zwangsarbeit „im Bordell" immer übergeordnet: „wo doch das Leben weniger schlimm war als wie wenn sie [die Frauen, V.S.] im Lager waren" steht exemplarisch für die Differenz zwischen Häftling und Sex-Zwangsarbeiterin: Während die einen hart und bis zur Erschöpfung arbeiten, stellt das Bordell vermeintlich einen Ausweg aus dieser Arbeitssituation dar. Sex beziehungsweise erzwungener Sex wird unter keinen Umständen mit Arbeit in Verbindung gebracht. Sex wird stattdessen mit Freiwilligkeit und besseren Lebensumständen assoziiert. Mit Aussagen wie „wir waren viel schlechter dran als die" zeigen die beiden Interviewten deutlich, dass nur die von ihnen erlittene Form von Zwangsarbeit in ihren Augen „körperliche Arbeit" war und viele Opfer und Entbehrungen forderte.

Durch die behauptete „freiwillige Anwesenheit" im Bordell verbesserten sich in den Augen der männlichen Häftlinge automatisch auch die Lebensbedingungen der Frauen. Diese erfuhren so vermeintlich weit weniger Leid als die anderen Häftlinge, ein Bemühen um den Einsatz im „Sonderbau" erscheint den Männern daher ganz natürlich. Obwohl sie den Sex-Zwangsarbeiterinnen damit auf unterschiedliche Weise ein einfacheres Leben im Lager unterstellen, bleibt dies wie bereits erwähnt der einzige Moment im Interview, in dem beide Männer auf die Frauen sowohl als Gefangene verweisen, als auch auf Sex-Zwangsarbeit als eine Möglichkeit, das eigene Leben zu retten. Dies rückt das „Bordellkommando" kurzzeitig in die Nähe jener Arbeitskommandos, in denen die Überlebenschancen höher waren und über die deshalb auch nach dem Krieg positiv berichtet wurde.

Abgeschlossen wird diese Interpretation von „Freiwilligkeit" noch durch den Verweis, dass die Frauen sich „ja freiwillig für dieses Handwerk" entschieden hätten: eine Anspielung auf die vermeintlich allgemeingültige Vergangenheit der Sex-Zwangsarbeiterinnen als so genannte Prostituierte. Daher, so die Intention des Berichts, scheint es unmöglich, Sexualität und Zwang in Lagerbordellen miteinander in Verbindung zu bringen. Stattdessen wird glaubhaft gemacht, dass die Frauen einfach weiterhin ihren Beruf als „Prostituierte" ausübten. Selbst als die Interviewerin die Sex-Zwangsarbeiterinnen als Opfer des Nationalsozialismus benennt und explizit auf deren *Un*freiwilligkeit in Bezug auf die Sex-Zwangsarbeit hinweist, wird sie von den beiden Überlebenden unterbrochen. Beide widersprechen ihrer Aussage sofort, argumentieren mit einem schwierig nachzuvollziehenden Schicksal, da es ja keine konkreten Kontakte zu den Frauen gegeben habe. Die Doppelmoral ihrer Aussagen wird hier in vollem Umfang deutlich: Während für die beiden Überlebenden bisher bloßes Hörensagen ausreichte, um eine Lebensrealität der Sex-Zwangsarbeiterinnen als authentisch zu konstruieren, ist diese Form der Weitergabe von Informationen nun nicht mehr ausreichend und konkret genug. Daher können sie aus ihrer Sicht den Opferstatus der Frauen und den Zwangscharakter ihrer Arbeit nicht bestätigen.

Die beiden Befragten beschreiben im Interview auch die Nutzer des Bordells und benennen dabei Kapos und Lagerälteste. Beide Gruppen bleiben aber in ihrer Erzählung positiv besetzt, der Bordellbesuch wurde in ihren Kreisen offensichtlich nicht als problematisch angesehen.[182] Erst nach Kriegsende haben „[d]ie Kapos und Lagerälteste und Lagerschutz, [...] gar kein Interesse daran, sowas zu erzählen." Die Rolle des Freiers wird von ihnen geheim gehalten aus Furcht vor Konsequenzen.[183]

Vielmehr wird erneut die Sex-Zwangsarbeit bewertet und auf eine erotische Dienstleistung reduziert. Im Vordergrund stehen dabei Wartezeiten und die Anzahl der Sex-Zwangsarbeiterinnen für die jeweiligen Funktionshäftlinge. So habe es genügend Frauen für die Kapos und Lagerältesten gegeben, dass diese nicht „Schlange stehen" mussten. Auch hier wird erneut die Zwangssituation der Frauen ausgeblendet und stattdessen über sie wie „gewöhnliche Prostituierte" gesprochen und verfügt. Die beiden Überlebenden betonen, dass die „15 bis 20 Mädels" ausreichten, um die Funktionshäftlinge schnell zu bedienen, und den „Kunden" keine Wartezeiten entstanden. Der selbstverständliche Gebrauchswert von Sex und die Ignoranz gegenüber der sexuellen Ausbeutung verdeutlichen die vorgenommene Objektivierung der betroffenen Frauen und spiegeln eine männliche Lesart der Geschehnisse im Lagerbordell wider. Durch diese Sichtweise obliegt auch den ehemaligen männlichen Häftlingen die Definition, wie viele Kunden für die Frauen zumutbar waren. Und weil es

---

[182] In den Interviews äußern sich die „politischen" Überlebenden oft negativ über ihre Genossen, die das Bordell aufsuchten. Über die anderen Häftlinge wurde meist mit einer Mischung aus Anerkennung und Neid gesprochen.
[183] Zum Umgang mit diesen ehemaligen Häftlingen siehe Kapitel III.3.

nur wenige Kapos gab, konnten „ein paar [Mädels] die ganzen Leute durchgehen". Dies weist darauf hin, dass Sex-Zwangsarbeit nicht als (körperliche) Arbeit angesehen wurde.

Zusammenfassung der Interpretation des ersten Interviews

Im Hinblick auf die eingangs erwähnten Auffälligkeiten und vermeintlich harmlosen Beschreibungen im Interview lassen sich nun im Anschluss an die vorgelegte Interpretation folgende Aussagen zusammenfassen: Die beiden Überlebenden sehen sich selbst als zur „idealen Opfergemeinschaft" zugehörig. Sie unterstreichen diese Position durch Verweise auf ihr eigenes Leid, das durch Hunger, Arbeit und Mangel gekennzeichnet war. Simultan grenzen sie die Sex-Zwangsarbeiterinnen aus diesem Kollektiv aus. Die Darstellung sexueller Zwangsarbeit als glückliches Schicksal, die Negierung von körperlicher Ausbeutung und die Verweigerung der Anerkennung von Arbeit und Leid sind dabei zentrale Elemente. Die Konsequenzen dieses „devianten Verhaltens", also des Nicht-Entsprechens positiv besetzter stereotyper Frauenbilder[184], bestehen auch in dieser Erinnerung aus Missachtung und Ausgrenzung.

Maßgeblich ist hierfür auch die Interviewatmosphäre, die die beiden französischen Überlebenden herstellen: Ihre Ausführungen sind geprägt von einer heiteren Grundstimmung, sobald sie über das Lagerbordell und die Sex-Zwangsarbeiterinnen sprechen; die Erzählungen transportieren erotische Abwechslung. Der patriarchale Habitus und der männlich-dominante Standpunkt kennzeichnen die Wiedergabe dieser Geschichte über sexuelle Ausbeutung in Mittelbau-Dora. Das Bordell erscheint als erotisches Abenteuer, als Gegenstand schlüpfriger Geschichten und nicht als

---

[184] Vgl. hierzu auch „Gewaltdefinitionen sind Werturteile" in Kapitel III.2.

Ort, an dem zahlreiche Frauen sexuelle Zwangsarbeit leisten mussten.

Interview 2

Die ersten auf Tonband aufgezeichneten Interviews mit Überlebenden führte der Psychologe David Boder kurz nach Kriegsende in Displaced Persons Camps. Das Material wurde mittlerweile digitalisiert und ist online sowohl im Audioformat als auch transkribiert frei zugänglich.

Das folgende Interview führte Boder mit dem österreichischen Juden Otto Feuer im August 1946 in Paris.[185] Dieser wurde in Wien geboren und studierte später in Hamburg Jura. Ein Jahr vor Kriegsbeginn wurde er im Alter von 24 Jahren zusammen mit seiner Familie nach Polen deportiert, da sein Vater von dort stammte. Im Sommer 1939 konnten Otto Feuer und zwei seiner Brüder in das Deutsche Reich zurückkehren, um von dort in die USA zu emigrieren. Otto Feuers Ausreise scheiterte jedoch: Er wurde am 9. September verhaftet und befand sich die nächsten sechs Jahre in Konzentrationslagerhaft, zunächst in Sachsenhausen und Dachau. Anschließend war er von Juni 1941 bis April 1945 im KZ Buchenwald inhaftiert, seine Erinnerungen an das Lagerbordell stammen aus dieser Zeit. Nach der Befreiung durch die Amerikaner war er zunächst in die neue Häftlingsselbstverwaltung Buchenwalds involviert, anschließend arbeitete er als Journalist. Er verließ Deutschland, kam dann bei Verwandten in Paris unter und versuchte erneut, ein Visum für die USA zu bekommen. David Boder traf ihn für das Interview im Büro des

---

[185] Die Muttersprache Otto Feuers ist zwar Deutsch, das Interview wurde jedoch auf Englisch geführt. Wie aus dem Mitschnitt ersichtlich, verfügt Feuer über ausreichende Sprachkenntnisse, um das von ihm Gewünschte auszudrücken.

American Joint Distribution Committee, wo Feuer leitender Angestellter war.[186]

In diesem Ausschnitt des insgesamt eine Stunde und zwanzig Minuten dauernden Interviews berichtet Feuer über das Häftlingsbordell in Buchenwald, die Bedingungen für die Sex-Zwangsarbeiterinnen sowie die Häftlingsgruppierungen, die das Bordell aufsuchten. Es steht exemplarisch für eines der frühen Zeugnisse über Lagerbordelle. Rasch wird darin deutlich, dass er unterschiedliche Vorgänge im Bordell ohne Bedenken benennt und die Frauen bereits in dieser frühen Deutung als „Prostituierte" darstellt. Interessant ist dabei Feuers Haltung zu „Prostitution" und ihrer vermeintlichen Zweckmäßigkeit. Darüber hinaus formuliert er eine eindeutige Perspektive in Bezug auf männliche Sexualität in den Bordellen. Besondere Aufmerksamkeit gilt auch hier wieder der Diskussion um körperliche Arbeit.

Das Lagerbordell des KZ Buchenwald wurde am 11. Juli 1943 eröffnet. Am 2. und 4. Juli wurden insgesamt 15 Sex-Zwangsarbeiterinnen in das Lager transportiert, die der Buchenwalder Kommandant Hermann Pister in Ravensbrück selbst ausgesucht hatte. In den ersten zwei Wochen des Betriebs herrschte ein so großer Ansturm auf das Bordell, dass jede der 15 Sex-Zwangsarbeiterinnen zwischen zehn und 15 Männern pro Tag für sexuelle Zwangskontakte zur Verfügung stehen musste. Neben dem Sonderbau" für Häftlinge gab es, wie in einigen anderen Lagern auch, ein Bordell für die ukrainischen SS-Wachmannschaften, das in Buchenwald außerhalb des Häftlingsbereichs eingerichtet wurde. Mindestens zwei polnische Frauen mussten dort Sex-Zwangsarbeit leisten. Das Häftlingsbordell war jeden Tag geöffnet, außer während besonderer Anlässe wie „Führerreden" oder Ausnahmesituationen wie Fliegeralarm oder verspätete Appelle. Auch in Buchenwald waren die Funktionshäftlinge die „Zielgrup-

---

[186] Interview Nr. 31: http://voices.iit.edu/commentary?doc=feuerO&name=Otto+Feuer+ (Stand: 06.07.2017).

pe" für den Bordellbesuch. Ihre Positionen wurden dort allerdings mit deutschen Kommunisten und Sozialdemokraten besetzt und nicht wie sonst üblich mit „Kriminellen". Für diese „politischen Funktionshäftlinge" stellte der Besuch des Bordells eigentlich einen Verstoß gegen das eigene Weltbild dar und wurde als Gefahr für die Widerstandsorganisation im Lager gesehen.[187] Der oben beschriebene Ansturm auf das Bordell passt allerdings nicht mit diesem propagierten Weltbild zusammen. Dies zeigt, dass das Bild des Bordell boykottierenden und somit den Widerstand sichernden „politischen" Häftlings oft eine Illusion war. Untersuchungskommissionen nach dem Krieg rügten deshalb auch etliche Kommunisten für den (verheimlichten) Bordellbesuch.[188]

Der „Sonderbau" wurde am 23. März 1945, zwei Wochen vor der Befreiung durch die Alliierten, geschlossen. Nach der Auflösung des Lagers diente der Bau zur Unterbringung von Kranken.[189] Wie bereits in Kapitel III erwähnt, wurde die Existenz des Lagerbordells nach der Umwandlung des KZ in eine Gedenkstätte viele Jahrzehnte lang verleugnet beziehungsweise verschwiegen. Erst Ende der 1990er Jahre wurden das Schicksal und die Geschichte der Sex-Zwangsarbeiterinnen allmählich in das Ausstellungs- und Führungskonzept integriert.

Insgesamt wurden 19 Sex-Zwangsarbeiterinnen im Buchenwalder Häftlingsbordell eingesetzt. Auch sie waren wie die Frauen im Buchenwalder Außenlager Mittelbau-Dora zwischen 20 und 30 Jahre alt, 15 von ihnen waren „Reichsdeutsche" und als „Asoziale" inhaftiert. Nur eine Frau war vor ihrer Haft als „Prostituierte" tätig gewesen, die anderen hatten als Kellnerin, Verkäuferin, Arbeiterin oder Hausangestellte gearbeitet. Neben den deutschen Frauen waren drei Polinnen und eine Romni als Sex-Zwangsarbeiterinnen in das Häftlingsbordell nach Buchenwald verschleppt worden.[190] Acht Sex-Zwangsarbeiterinnen, die über

---

[187] Sommer, Robert (2009), Das KZ-Bordell, S. 124-128.
[188] Vgl. „Berichte über Lagerbordelle" in Kapitel III.3.
[189] Sommer, Robert (2009), Das KZ-Bordell, S. 124-126.
[190] Ebd., S. 126-129.

15 Monate im Bordell Sex-Zwangsarbeit leisten mussten, wurden Ende 1944 und Anfang 1945 aus der KZ-Haft entlassen. Die Gründe für ihre Entlassung sind nicht bekannt.[191]

Das Interview von David Boder mit Otto Feuer über das Lagerbordell in Buchenwald[192]

David Boder: *What did they [die Displaced Persons, V.S.] tell about the brothel in Buchenwald?*
Otto Feuer: This brothel in Buchenwald was created in autumn '43 [mehre Worte unverständlich] at one o'clock and at the assembly, after an Appell at two o'clock or about one o'clock.
David Boder: *Noon?*
Otto Feuer: Noon, at one o'clock, and the SS commander of the camp declared to the prisoners, the brothel is open and the prisoners can begin ‚their work', can begin their work, ja.
David Boder: *Can begin – you mean ...*
Otto Feuer: ... ‚their work'.
David Boder: *Under what conditions?*
Otto Feuer: It was only for Germans.
David Boder: *Yes.*
Otto Feuer: There were sixteen women at that time in the brothel. So he had to make an application to the Blockälteste.
David Boder: *Who had to make an application?*
Otto Feuer: The prisoners. The interested person ... an application to the Blockälteste, who forwarded it to the Arbeitsstatistik.
David Boder: *Yes.*

---

[191] Ebd., S. 228.
[192] http://voices.iit.edu/interview?doc=feuerO&display=feuerO_en, Stand: 21.4.2013.

Otto Feuer: And then he got an invitation from the Arbeitsstatistik some day later to show up in the hospital in the [Wort unverständlich] where he passed a medical visit.
David Boder: *Yes, examination.*
Otto Feuer: Examination, and then he got a clear ticket to go to the brothel where he had to pay one mark. We got in Buchenwald Lagermark.
David Boder: *Yes, that was ... yes ...*
Otto Feuer: And he had to pay for it, and then he could use a woman, he couldn't have his choice, his choice ... when the woman was too weak.
David Boder: *Yes.*
Otto Feuer: And at any rate ... he would have to take another woman, and of course that meant [das Interview wurde an dieser Stelle kurz unterbrochen, wahrscheinlich aufgrund eines Arbeitskollegen von Otto Feuer]
David Boder: *Well you said he could go over and then ...*
Otto Feuer: He then, of course the SS man, one SS man was on duty of the brothel, and he took care that nobody stay too long with his girl there. There was a recognized [Wort unverständlich].
David Boder: *Yes.*
Otto Feuer: Of course most of the political prisoners tried not with complete success, but at any rate tried to boycott the brothel.
David Boder: *Yes, who were the women.*
Otto Feuer: The women, the women, were deportees of the ... of a women's concentration camp.
David Boder: *Yes.*
Otto Feuer: ... who have been asked to volunteer for it.
David Boder: *They volunteered. What were they given in exchange?*
Otto Feuer: They were given – they had not to work.
David Boder: *Not to work. Were they given better food?*

Otto Feuer: They got better food. Yes. They got the same food ... they got the same food as the SS.
David Boder: *Yes. Were the SS also using the same place?*
Otto Feuer: There was one [Wort unverständlich] Lagerführer Gust who was in this place always in this place and who had a sweetheart in this place, a very interesting story with this sweetheart.
David Boder: *Yes.*
Otto Feuer: She furnished the camp with a lot of informations.
David Boder: *What kind?*
Otto Feuer: ... from this girl, which she drew out of the Lagerführer.
David Boder: *Yes. And why ... if he was the Lagerführer, how happened it that he couldn't take her out and keep her for himself.*
Otto Feuer: Because this woman was a deportee and she was assigned to this ... to this brothel.
David Boder: *Yes.*
Otto Feuer: So he couldn't, he couldn't take her [mehrere Worte unverständlich] He was not so much interested. You see he was a perverted man who found an interest to have such a woman.
David Boder: *Yes.*
Otto Feuer: Well the story I wanted to tell you.
David Boder: *Yes.*
Otto Feuer: Of course most of the prisoners who visited the camp [korrigiert sich] who visited the brothel, who visited ... were political ... [korrigiert sich] were criminal prisoners.
David Boder: *Yes.*
Otto Feuer: Well this story went around in the whole camp.
David Boder: *Yes.*
Otto Feuer: Starting with the beginning of the autumn of '43 we have got the permission to receive packages ... food packages ...

David Boder: *Yes.*
Otto Feuer: And those German criminal prisoners …
David Boder: *Yes.*
Otto Feuer: [Wort unverständlich] From relatives, and of course had some relatives in Germany, and they got food packages. Now one of this prisoners has got a cookie.
David Boder: *A what?*
Otto Feuer: A cookie …
David Boder: *Yes, a cake.*
Otto Feuer: A cake, and of course everybody of those who frequented the brothel wanted to bring something special to his ‚sweetheart' to have some nice minutes.
David Boder: *Yes.*
Otto Feuer: And he brought this cake.
David Boder: *Yes.*
Otto Feuer: [mehrere Worte unverständlich] He made his application, and [mehrere Worte unverständlich] he went to the brothel, and he brought this cake to this woman. After having finished, he came back to us. It was Sunday and nobody worked, and he came back to his barrack and sat down at this table. And then … he was doing nothing, and about a half an hour later one of his comrades entered the [Wort unverständlich] block, seated himself at the same desk, and he had a little parcel and he began to take out this parcel and it was this cake.
David Boder: *Yes.*
Otto Feuer: Which one of the criminals has brought to the woman.
David Boder: *Yes.*
Otto Feuer: Which she has given to the other comrade. He was now … the prisoner could now see how this comrade was eating cookie … [mehrere Worte unverständlich]
David Boder: *Yes. Why did she give it away?*
Otto Feuer: [mehrere Worte unverständlich] She was in love with this guy.

David Boder: *She was in love with this guy – so she gave him away the cake that the other had brought. Well ...*
Otto Feuer: He was [a case of] strictly ignored love. The prisoners who have been for years, and years and years, and of German original became ... because afterwards so-called Ehrenhäftlinge.
David Boder: *Yes.*
Otto Feuer: That means they were entitled to have the hair not cut.
David Boder: *Hum.*
Otto Feuer: And it was strictly forbidden for prisoners to write a words to one of the ...
David Boder: *Women?*
Otto Feuer: Well. There were orders that almost ... prisoners who have done it ...
David Boder: *Yes.*
Otto Feuer: Must be [Wort unverständlich] prisoners who haven't had a woman for seven years, eight years, ten years.
David Boder: *Yes.*
Otto Feuer: And of course it was something for some of them. And some of those prisoners lost their hair. Because they have written a letter to one of those girls.
David Boder: *So they had to shave off their hair?*
Otto Feuer: That is so. They got to have the hair cut.
David Boder: *Now tell me this, Mr. Feuer. After you were freed from Buchenwald, where did you go?*
Otto Feuer: After my liberation in Buchenwald, I stayed for about a month in Buchenwald and ...
David Boder: *Who took care of you, who was feeding the camp?*
Otto Feuer: It was the American army who ... I guess it was also the Russians who made distributions [of prisoners, V.S.].

„he had to pay for it, and then he could use a woman": Interpretation des zweiten Interviews

„What did they tell about the brothel in Buchenwald?" lautet David Boders erste, konkrete Frage nach dem Häftlingsbordell in Buchenwald. Explizit fordert er Otto Feuer damit auf, von den Erzählungen anderer, also dritter zu berichten und Hörensagen wiederzugeben. Dies ist zwar einleuchtend, da Otto Feuer als Jude offiziell keinen Zugang zum Bordell und damit keine eigenen Erfahrungen hatte, jedoch ist Boders Frage indifferent. Es bleibt unklar, ob er die Erzählungen der Sex-Zwangsarbeiterinnen oder jene der männlichen Häftlinge meint. Erst Feuers Antworten lenken die Fragestellung in eine eindeutige Richtung: Er gibt die Perspektive männlicher Mithäftlinge uneingeschränkt wieder und ergänzt diese „Beobachtungen aus zweiter Hand" durch eigene Wertungen. An dieser Stelle soll daher noch einmal darauf hingewiesen werden, dass Otto Feuer zu einem frühen Zeitpunkt sehr offen über die Bordelle berichtet. Ähnlich wie bei Kogon kann davon ausgegangen werden, dass es noch kaum gesellschaftliche Restriktionen in Hinsicht auf dieses Thema gab. Darüber hinaus gibt Feuer unkritisch Gehörtes aus dem Lager wieder, obwohl ihm freistand, diese ungeprüften Geschichten zu wiederholen oder sie dabei zumindest als solche zu kennzeichnen.

Otto Feuer verwendet in Bezug auf das Bordell, seine männlichen Mitgefangenen und die Sex-Zwangsarbeiterinnen vor allem relativierende Begriffe. Wenn er von jenen Gefangenen spricht, die das Bordell nutzten, beschreibt Feuer sie als „the interested person" und hebt mit dieser Beschreibung eine Trennung zwischen Sex-Zwangsarbeit und „Prostitution" auf. Die „interessierte Person" fungiert in diesem Fall als „gewöhnlicher Freier", der „had to pay for it". Der Interviewte projiziert gesellschaftlich akzeptierte Sprechweisen und männlich determinierte Verhaltenskodexe auf die Welt innerhalb des Konzentrationslagers und damit auf die Sex-Zwangsarbeit. Die Trennschärfe, die er sonst im

Sprechen über das Innen und Außen, KZ versus Freiheit, aufruft, ist hier nicht vorhanden. Der Bordellbesuch bleibt daher in Feuers Darstellung auch im KZ eine Dienstleistung (Sex gegen Geld) und verschleiert das erlebte Leid der Frauen unter dem Deckmantel vermeintlich unverfänglicher „Prostitution". Auch die Verwendung verharmlosender und sexistischer Begriffe wie „girl" wirkt relativierend. Ähnlich wie die per se negativ konnotierten „Weiber, Huren und Prostituierte" erfüllen sie eine Funktion in der Erinnerung der Befragten: Die Sex-Zwangsarbeiterinnen müssen auf diese Weise nicht als Mithäftlinge benannt werden. Stattdessen verdunkeln diese Begriffe die Leiderfahrungen der Frauen und implizieren gleichzeitig, dass sie keine schwere und körperliche Arbeit leisten mussten. „Girl" muss hier außerdem als (Bedeutungs-)Äquivalent zu „leichtem Mädchen" gelesen und verstanden werden. Eine ähnliche Herabwürdigung erfahren die Frauen und ihr Schicksal außerdem durch den später für sie verwendeten Begriff „sweetheart", der Romantik und Liebe verspricht, keinesfalls aber auf Zwang, Gefangenschaft und sexuellen Missbrauch hindeutet.

Offensichtlich abfällig spricht Feuer von den Frauen im Zusammenhang mit der SS. Über das Verhältnis des Lagerführers mit einer der Sex-Zwangsarbeiterinnen berichtet er: „You see he was a perverted man who found an interest to have such a woman": Der SS-Mann ist für Feuer „pervertiert", daher ist die „Affäre" mit einer der Frauen für ihn ein selbstverständlicher Ausdruck dieser Perversion. Da der SS-Mann wahrscheinlich auch andere Möglichkeiten sexueller Befriedigung hatte, stattdessen aber die Sex-Zwangsarbeiterin bevorzugt, hebt dies die Frau auf eine Stufe mit „perversen" SS-Fantasien, da sie sich als „Prostituierte" diesem Begehren hingibt. Das „have", das Besitzen, ist in diesem Fall nicht das eigentlich „Perverse", sondern „such a women": „so eine Frau", also eine „Prostituierte". „To have such a women" zeigt damit zweierlei: zum einen die Verfügungsmacht des Lagerführers (nicht des Mannes) über die Frau, zum anderen die Hingabe der „Prostituierten" an den Kommandanten.

Ergänzt werden solche verklärten Beschreibungen auch durch den Bordellbesuch: Feuer bezeichnet die Zeit im Bordell als „some nice minutes" für die Männer oder „it was something for some of them". Kaum deutlicher könnte eine männlich-dominante Perspektive zum Ausdruck gebracht werden, in der die sexuelle Ausbeutung der Sex-Zwangsarbeiterinnen zum bezahlten Vergnügen umgedeutet und ihr Schicksal dadurch ausgeblendet wird.

Besonders auffällig sind in Otto Feuers Bericht eine durchgängige Relativierung der Sex-Zwangsarbeit beziehungsweise ihre Darstellung als „legale Prostitution" sowie die Wiedergabe männlicher Standpunkte. Die Frauen werden durch Feuers Erzählung objektiviert und können folglich auch „benutzt werden" („use a woman"). Die Ungerechtigkeit und das Leid, die den Sex-Zwangsarbeiterinnen widerfahren, thematisiert der Interviewte nicht. Jedoch schildert er (ähnlich wie die beiden Überlebenden in Interview 1) anderes „Unrecht": Die freie Auswahl der „Prostituierten", die den Männern verweigert wurde: „he couldn't have his choice", da die Sex-Zwangsarbeiterinnen von der SS oder der Bordellvorsteherin zugewiesen wurden. Auch „when the woman was too weak [for sex, V.S.]" mussten die Männer mit einer anderen Frau „vorlieb nehmen". Aus Feuers Sicht wurden diese Männer damit ihrer sexuellen Selbstbestimmung beraubt. Und das an einem Ort, der aus seiner Perspektive ganz selbstverständlich für Vergnügen und Lust steht. Dadurch wird sein Verständnis des Lagerbordells als „herkömmliches" Bordell gestört. Aber eben nicht, weil Frauen dort zu sexuellen Handlungen mit männlichen Häftlingen gezwungen werden, sondern weil die Männer in ihrer „natürlichen" Funktion als Freier eingeschränkt werden. Sie bezahlen zwar „wie üblich" für Sex, können sich aber als Freier die Frau nicht selbst aussuchen. Die unwürdige Lage der Frauen und ihre vollständig unterdrückte Position bleiben vollkommen unerwähnt. Hier kommt zum Ausdruck, dass sexuelle Wahlmöglichkeiten sowie sexuelle Selbstbestimmung per se nur das männliche Subjekt besitzt.

Diese Wahrnehmung des Bordells als „Vergnügungsort" verdeutlicht auch die Wahrnehmung von Sex-Zwangsarbeit als gewaltfreie *Nicht*-Arbeit[193]. Diese Abgrenzung (zwischen arbeitender Häftlingsgemeinschaft und nicht-arbeitenden Sex-Zwangsarbeiterinnen) wird unter anderem deutlich, als Feuer davon berichtet, wie ein Häftling einer der Frauen Kuchen bringt: „It was Sunday and nobody worked". Dass das Bordell geöffnet hatte und die Frauen auch an diesem Tag zur sexuellen Ausbeutung zur Verfügung stehen mussten, entgeht ihm. Auch hier gibt er lediglich die männliche Perspektive wieder und zeigt damit deutlich, dass die Männer aufgrund ihrer Zwangsarbeit einen freien Tag (verdient) hatten, den sie zum Bordellbesuch nutzten. Der Sex-Zwangsarbeit, die die Frauen leisten mussten, spricht er damit erneut die Anerkennung als „körperliche Arbeit" beziehungsweise überhaupt als Arbeit ab, und verortet Sex im Konzentrationslagerbordell weiterhin in einem erotischen Lust-/Vergnügungskontext und nicht als Zwangssystem.

Am Ende bietet aber auch dieses Interview einen ambivalenten Moment: Feuer bezeichnet die Frauen einmalig als „deportees [...] of a women's concentration camp" und gesteht ihnen damit Gefangenen-Status zu. Jedoch verbannt er sie anschließend eindeutig aus der Häftlingsgemeinschaft, indem er drei Behaup-

---

[193] Der Charakter der „Zwangsarbeit" definiert sich durch Gewalt. Sie war ein Mittel zur Vernichtung von Menschenleben in nationalsozialistischen Konzentrationslagern. Da es sich auch bei Sex-Zwangsarbeit um eine Form dieser Ausbeutung handelt, ist es wesentlich für ihr Verständnis, die ihr implizite Gewalt sowie die durch sie angestrebte Vernichtungsabsicht gegen weibliche Häftlinge anzuerkennen.
Siehe hierzu auch die Argumentation von Amesberger, Helga/ Halbmayr, Brigitte (2001), Vom Leben und Überleben. Wege nach Ravensbrück: das Frauenkonzentrationslager in der Erinnerung. Band 1: Dokumentation und Analysen, Wien: Promedia-Verlag, Fußnote 114: Diese weisen darauf hin, dass der Begriff der Zwangsarbeit bereits die Gewalt suggeriert, die diesem Arbeitsverhältnis zugrunde liegt.

tungen aufstellt: Die Frauen meldeten sich freiwillig für das Bordell; sie mussten nicht arbeiten; sie wurden wie die SS verpflegt. Otto Feuer begeht damit eine mehrfache Leugnung historischer Faktizität: Erstens negiert er, dass *jede* Arbeit im Konzentrationslager unter Zwang ausgeübt wurde. Zweitens definiert er Sex-(Zwangs)Arbeit nicht als Arbeit, da aus seiner Sicht die Frauen keiner körperlichen Belastung ausgesetzt sind und keine Erschöpfung erleben, sondern einen Ausweg aus der „körperlichen Lagerarbeit" gefunden haben. Da er Sex nicht als Arbeit oder gar Zwangsarbeit anerkennt, wird dieser mit Freiwilligkeit assoziiert, mit Vergnügen und, wie er es als Drittes benennt, mit besseren Lebensumständen: die Frauen litten seiner Aussage nach nicht unter Hunger, da sie weder Arbeit leisten mussten noch Verpflegungsmangel hatten. Diese Argumentation widerlegt er allerdings selbst, wenn er formuliert „when the woman was too weak". Da dies aber im Zusammenhang mit männlicher, sexueller Selbstbestimmung vorkommt, wiegt das Leid der Männer (die Unfreiheit der Wahl) schwerer als das der Frauen (Erschöpfung durch sexuelle Ausbeutung).

Zusammenfassung der Interpretation des zweiten Interviews

Der Überlebende Otto Feuer grenzt die Sex-Zwangsarbeiterinnen durch Begriffe und Beschreibungen explizit von anderen Häftlingen ab. Er positioniert sie in seinem Erinnerungsbericht außerhalb des Kollektivs, das Leid erlitten hat. Eine stereotypisierte Darstellung von „Prostitution" ersetzt die Wirklichkeit der Sex-Zwangsarbeit. Gleichzeitig ergänzt Feuer die Vorgänge im Bordell, den dort stattfindenden sexuellen Kontakt um erotische Anekdoten und Verharmlosungen. Die Rolle der Frauen im Lagerbordell definiert sich für Feuer darüber, was sie für die Männer darstellen: Entweder sind sie lustvolle Ablenkung im entmenschlichenden Lageralltag oder Symbol männlicher

Deprivilegierung. Zwar greift Feuer den Begriff der Deportierten auf, er bleibt aber sowohl wegen mangelnder Nachfrage von Seiten David Boders als auch wegen der Relativierungen Otto Feuers wirkungs- und bedeutungslos.

Interview 3

Christa Paul beschäftigte sich bereits Anfang der 1990er Jahre als erste Wissenschaftler_in ausführlich mit Sex-Zwangsarbeit in nationalsozialistischen Konzentrationslagern. Dabei entstand auch ein Interview mit Herrn J., der 1941 in Polen wegen politischen Widerstands verhaftet worden war. Nachdem er in verschiedenen Gefängnissen inhaftiert war, wurde er 1943 wegen Vorbereitung zum Hochverrat verurteilt und am 25. Juni 1943 nach Auschwitz deportiert. Dort arbeitete er als Techniker im Krupp-Werk in der Abteilung Vorrichtungsbau, die Zünder für Zeitbomben entwickelte. Er gehörte zu jenen Häftlingen, die für die Rüstungsindustrie ab Herbst 1942 von besonderer Wichtigkeit waren und Prämienscheine erhielten. J. besuchte nach eigener Aussage nur einmal das Bordell.

Der „Sonderbau" wurde im ersten Stock des Blocks 24a im Stammlager Auschwitz eingerichtet. Dort direkt neben dem Eingangstor gelegen, war es im Gegensatz zu vielen anderen Lagerbordellen an einer prominenten Stelle des Lagers errichtet worden. Die Ausbauarbeiten für das Bordell begannen im Sommer 1943 und bereits ab Ende September wurden weibliche Häftlinge aus dem Frauenlager in Auschwitz-Birkenau rekrutiert. Unter ihnen gab es eine Gruppe, die zur „freiwilligen Meldung" gedrängt wurde und aus der anschließend Frauen für das Bordell selektiert wurden. Die Kriterien dieser Selektion stellten Hössler, der Lagerführer des Frauenlagers, Grabner, Chef der politischen Abteilung, und einige Lagerärzte nach eigenem Ermessen auf. Die ausgesuchten Frauen kamen in Quarantäne und wurden schließlich auf die Lagerbordelle im Stammlager und im Konzentrationslager Auschwitz III (Monowitz) verteilt.[194]

Insgesamt können 67 Sex-Zwangsarbeiterinnen namentlich belegt werden, die in den „Sonderbauten" in Auschwitz I und Auschwitz III sexuell ausgebeutet wurden. Im Bordell des Stammlagers waren 37 deutsche Frauen, die meisten als „Asoziale" inhaftiert, sowie mindestens 17 polnische Frauen, fünf Ukrainerinnen, eine aus Zentralrussland und fünf Frauen, deren Nationalität unklar ist. Sieben von ihnen mussten in beiden Bordellen Sex-Zwangsarbeit leisten. Die Anzahl der Sex-Zwangsarbeiterinnen variierte in den 15 Monaten des Bestehens des Lagers zwischen 19 (1. November 1943), 15 (im März 1944) und 18 (Januar 1945) geringfügig. Ab März 1944 kam es zu relativ häufigen „Auswechslungen" der Frauen durch die SS. Sommer schreibt diese Praxis dem Umstand zu, dass es dort nachts zu vermehrten Einstiegs- und Vergewaltigungsversuchen in das Bordell durch männliche Häftlinge kam und die SS dies so verhindern wollte. Im Durchschnitt musste die Hälfte der zur Sexarbeit gezwungenen Frauen zwischen vier und zwölf Monaten im Lagerbordell bleiben. Drei Frauen gehörten während des gesamten Zeitraums dem „Bordellkommando" im Block 24a an.[195]

Die offizielle Bordelleröffnung, bei der unter anderen auch Lagerkommandant Höß anwesend war, fand wahrscheinlich Anfang Oktober statt. Hierfür wurden von der SS die Häftlinge bestimmt, die als erste das Bordell „nutzen" sollten. Der „Bordellblock" war streng bewacht und in der Zeit seines Bestehens war nur bestimmten Häftlingen der Besuch gestattet. Neben deutschen waren dies auch Männer polnischer und ukrainischer Herkunft. Entsprechend ihrer Nationalität wurden sie den Sex-Zwangsarbeiterinnen zugeteilt.[196] Aber nicht nur den Häftlingen des Stammlagers, sondern auch denen des Männerlagers in Birkenau

---

[194] Sommer, Robert (2009), Das KZ-Bordell, S. 131-132.
[195] Ebd., S. 135-136, 140.
[196] Siehe dazu auch Kapitel III.2. „Ein Teil der „Prämien-Vorschrift": Sex-Zwangsarbeit in Lagerbordellen und ihre Funktion"

und eines Außenlagers war der Besuch des Bordells gelegentlich erlaubt. Sommer schätzt die tägliche Besuchsstärke für das Bordell für die Anfangszeit auf acht Männer pro Sex-Zwangsarbeiterin. Später geben verschiedene männliche Häftlinge die Zahl auf etwa drei Männer pro Abend pro Frau an. Durchschnittlich sind dies bei 21 Frauen 170 männliche Häftlinge täglich. Ein anderer Überlebender wertet diese Zahl jedoch als zu hoch und geht von etwa 100 Männern pro Tag aus. Auch die Öffnungszeiten sind nicht offiziell belegbar, laut Häftlingsaussagen sei das Bordell zwischen Montag und Samstag beziehungsweise Sonntag geöffnet gewesen.[197]

Die Sex-Zwangsarbeiterinnen mussten einmal pro Woche zur Untersuchung in den „Häftlingskrankenbau". Es kann davon ausgegangen werden, dass Abstriche und andere gynäkologische Untersuchungen weitere erniedrigende Prozeduren für die Frauen darstellten. Wurde bei einer Sex-Zwangsarbeiterin eine Geschlechtskrankheit festgestellt, wurde sie in ein anderes Arbeitskommando versetzt. Bei allen anderen entschied die SS über die Dauer des Verbleibs im Bordell und musterte Frauen aus, die „ungeeignet" waren.[198]

Der „Sonderbau" im Stammlager bestand bis kurz vor Ende der Auflösung des Lagers am 17. Januar 1945. Zuvor wurde allerdings aus unbekannten Gründen das „Bordellkommando" am 10. Januar von der SS ausgetauscht. Sieben der noch im Lager verbliebenen Sex-Zwangsarbeiterinnen wurden im Verlauf des Januars in das Lagerbordell nach Mittelbau-Dora, eine weitere Frau in den „Sonderbau" nach Sachsenhausen verschleppt. Es gibt keinen überlieferten Bericht[199] einer Sex-Zwangsarbeiterin aus den Lagerbordellen des Lagerkomplexes Auschwitz.[200]

---

[197] Sommer, Robert (2009), Das KZ-Bordell, S. 131-133.
[198] Ebd., S. 135.
[199] Siehe dazu: Kapitel III.3. Häftlingsschicksal Sex-Zwangsarbeiterin während der KZ-Haft und nach 1945: Berichte über Bordelle.
[200] Sommer, Robert (2009), Das KZ-Bordell, S. 136.

Das folgende Interview wurde am 19. Oktober 1993 geführt und auf Tonband aufgezeichnet.[201] Christa Paul stellt dem Bericht keine konkrete Frage voran, sondern überschreibt ihn lediglich mit „Die männlichen Häftlinge" innerhalb des Kapitels „Bordelle in Konzentrationslagern". Herr J. berichtet in dem Auszug vom Aussehen der Sex-Zwangsarbeiterinnen, ihrer vermeintlichen Motivation, seinem Besuch im Bordell und dem Verhalten anderer Männer in Bezug auf den „Sonderbau". Im Vordergrund steht hier die durchgängige Relativierung des Leids der Frauen durch unterschiedliche Ausdrucksweisen und „Beobachtungen". Auch die Gleichsetzung der Bedingungen im Bordell mit jenen der Welt außerhalb des Konzentrationslagers ist von Bedeutung.

Das Interview von Christa Paul mit Herrn J. über das Lagerbordell im Stammlager Auschwitz[202]

J.: Die Leute, die gut gearbeitet haben, fleißig und so weiter, bei denen der Meister und die SS-Leute gesehen haben, das ist ein anständiger Mann, die haben auch einen Zettel für den Puff bekommen. Der war im Block 24, unten waren dienstliche Büroräume und das obere Stockwerk war umgebaut in kleine Zimmer. Ich hatte ja schon lange Zeit in verschiedenen Gefängnissen und Zwischenlagern gesessen, da gab es so was nicht und in Auschwitz habe ich im Fenster schöne Mädchen sitzen sehen. Die haben sich nicht auf dem Lagergelände bewegt, die haben nur aus dem Fenster geguckt.

Es waren viele Sachen organisiert, damit die Häftlinge nicht immer dachten: Ich sitze hier, ich bin verhaftet. Die Gedanken sollten wechseln. Die haben immer was gefunden, nur um die

---

[201] Bei J. ist Polnisch die Muttersprache, das Interview wurde jedoch auf Deutsch geführt.
[202] Paul, Christa (1994), Zwangsprostitution, S. 76-78 (Interview Nr. 27).

Leute nicht zum Nachdenken kommen zu lassen, damit sie nicht an Politik dachten, oder: Wann werde ich frei sein.

Alle konnten da nicht hingehen, in den Puff. In Auschwitz waren 100.000 Häftlinge, da mußte man doch diese Mädchen ein bisschen schonen. Wenn die da 1000 Mann in den Puff geschickt hätten, wären die Mädchen doch kaputt gewesen. Nur Sonderfälle durften, zum Beispiel die Kapos. Die hatten überhaupt bessere Verhältnisse. Die hatten mehr Möglichkeiten, sich etwas zu organisieren, besseres Essen. Derjenige oder diejenige, der diese Funktion x oder y übernommen hat, hat versucht, auf Kosten anderer Leute, schwächerer Leute, die Zeit in Auschwitz zu überleben. Der hat vergessen, dass ich ein Mensch bin. Vor denen musste man sich in Acht nehmen.

Wenn man den Bon für den Puff bekommen hat, musste man auch nicht unbedingt hingehen, den konnte man auch einem anderen Häftling geben. Für einige war das eine riesige Sache. Viele wollten da aber auch nicht hingehen. Erstens hat jeder Hemmungen gehabt, weil er so lange mit Mädchen nichts gehabt hatte, also nicht gewusst hat, wie soll ich das machen, was soll ich fragen. Zweitens haben die Häftlinge gedacht, da sind irgendwo eingebaute Wanzen, die können immer hören, was dort geredet wird. Ich persönlich, ich habe diesen Zettel einmal bekommen. Ich habe zu dem Blockältesten gesagt, was soll ich denn damit. Dann hat es drei Tage gedauert, und ich bin aufgerufen worden.

Ich bin zu dem Block 24 gegangen und da war so ein Puffvater, ein SS-Mann, der hat die Zuteilung übernommen. Ich glaube, eine halbe Stunde war erlaubt. Ich bin in dieses Zimmer gekommen, wo die H. war. Ein nettes, wunderschönes Mädchen, vielleicht 20 Jahre alt, Polin. Zuerst hat sie mich gefragt: wie lang bist du hier und so weiter. Dann hab ich sie gefragt, und die halbe Stunde war um. Wir haben uns verabschiedet und das war's.

Bei Auschwitz war auch Birkenau, und da haben Frauen gesessen. Da war die Aussuchung. Die haben die Besten, die gesunden Mädchen ausgesucht, die bekamen schöne Kleider, und die haben da im Puff bessere Möglichkeiten gehabt zu überleben.

Aussuchungen waren normalerweise so: Antreten! Wofür ausgesucht wurde, das hat niemand gewusst. Das war ein Lager, da wurde nicht gefragt, ob man will, ob man möchte, ob es einem passte oder nicht. Da kam eine Kommission, die sucht aus. Die sieht gut aus zack, zack, zack. Da war nichts zu fragen. Das war ein normales Arbeitskommando, Befehl ist Befehl. Aber ich persönlich meine, es war wohl kein Problem 1000 Mädchen zu finden unter den Bedingungen im Lager. Ich glaube die Frauen im Bordell waren gut betreut, wirklich gut betreut. Wenn ich das vergleiche mit den normalen Arbeiten, die Mädchen verrichten mussten. Da wo ich beschäftigt war, da arbeiteten auch nette, wunderschöne Mädchen, aber da war strenge Disziplin. Erstens mussten die schuften, und zweitens standen die ständig unter Kontrolle. Auch den Mädchen wurden die Haare abgeschnitten, so junge Mädchen mit Glatze, katastrophal. H., die ich im Bordell kennen gelernt habe, die hat oben Haare gehabt, die war gut gepflegt. [...]"

„Ich glaube die Frauen im Bordell waren gut betreut, wirklich gut betreut": Interpretation des dritten Interviews

Im Interview mit Herrn J. spielen das Aussehen und die Behandlung der Sex-Zwangsarbeiterinnen eine große Rolle. Durchgängig werden die betroffenen Frauen von ihm als „Mädchen", „schöne Mädchen", „gesunde Mädchen" und als die „besten Mädchen" bezeichnet. Wie in den beiden Interviews zuvor objektiviert auch J. diese Frauen und reduziert sie auf ihr Aussehen. Er produziert ein Bild, der untätigen „Prostituierten", die „im Fenster [...] sitzen" oder „aus dem Fenster geguckt" haben, aus seiner Sicht also nicht arbeiten mussten. Immer wieder verweist J. auf Kleidung und Äußeres, die die Frauen von den anderen Häftlingen unterschieden. So hatten diese „schöne Kleider", hatten „oben Haare" oder waren „gut gepflegt". In seine

Aufzählung vermeintlicher Vorteile von Aussehen, Kleidung und Konstitution schließt er auch die Aussage „[...] und die haben da im Puff bessere Möglichkeiten gehabt zu überleben" ein. Obwohl sein Kommentar auf eine verzweifelte Überlebensstrategie durch das „Bordellkommando" hinweist, integriert er sie in die Aufzählung von besseren und schönen Lebensbedingungen. An seiner privilegierten Stellung, die ihm Vorteile durch das Prämiensystem sicherte, findet er allerdings nichts Verwerfliches. Im Gegenteil stellt er sogar seine „harte Arbeit" als Rechtfertigung heraus: „Die Leute, die gut gearbeitet haben, fleißig und so weiter, bei denen der Meister und die SS-Leute gesehen haben, das ist ein anständiger Mann, die haben auch einen Zettel für den Puff bekommen."

Auch die Bezeichnung „Puff" für das Lagerbordell täuscht ähnlich wie „Mädchen" eine Scheinwelt vor: J. vermittelt damit den Eindruck eines bekannten, freiwilligen Gewerbes, einer Lohnarbeit, der die Frauen (wie außerhalb des Konzentrationslagers) nachgehen können. Da die Häftlinge mit Prämienscheinen „bezahlten", wird in den meisten Interviews auch ein Dienstleistungscharakter betont. Das Wort „Puff" suggeriert der Leser_in außerdem verschiedene Stereotype wie beispielsweise Lust und Ausleben von Sexualität statt Zwang und Vergewaltigung. Zu Beginn des Interviews sagt J. zwar, dass es in anderen Gefängnissen „sowas" nicht gegeben habe, warum ein Bordell aber in einem Konzentrationslager eingerichtet wird, hinterfragt er nicht.

Verfolgt man im Weiteren seine Argumentation in Bezug auf Sex im „Sonderbau", verwundert diese Haltung nicht. Das körperliche Wohlergehen der Frauen misst sich für ihn an der Anzahl der Männer, die sie zu nehmen hatten: „Wenn die da 1000 Mann in den Puff geschickt hätten, wären die Mädchen doch kaputt gewesen". Dass ein Einziger ausreicht, um sexualisierte Gewalt zu erfahren und eine Existenz zu erschüttern, liegt außerhalb seiner Vorstellung. Da nur wenige „Sonderfälle" Zugang zum Bordell hatten, war es in seinen Augen für die Frauen keine große Anstrengung. Eher wirkt seine Beschreibung der Beschränkung der „Freierzahl" großzügig und verständnisvoll. So auch, wenn er einwirft, dass es in Auschwitz „100.000 Häftlinge" gab und diese für die Frauen nicht bewältigbar gewesen wären und man*n* „diese Mädchen ein bisschen schonen" musste. Die Zwangslage der Frauen bleibt für ihn weiterhin völlig im Dunkeln, stattdessen liefert er eine Definition des Erträglichen beziehungsweise des Machbaren. Er beschränkt sich dabei auf den „Verbrauchswert" von Sex: Die „Abnutzung" der Frauen wäre zu groß gewesen, sie wären „kaputt" gegangen, daher musste man sie „schonen". Er reduziert die Frauen auf einen Gegenstand, eine Ware, die bei Überanspruchung nicht mehr zu gebrauchen gewesen wäre und dann für die anderen Männer nicht mehr zur Verfügung gestanden hätte. Eklatant ist hier die von ihm ausgeübte Deutungshoheit über Sexarbeit, über körperliches und psychisches Leid und über die Frauen selbst.

Die Verdrängung sexueller Zwangsarbeit durch Romantisierung beziehungsweise Erotisierung der Kontakte innerhalb des „Sonderbaus", ist ein weiteres Element der unschuldigen Darstellung des Bordellbesuchs. Es war eine „riesige Sache", in anderen Worten: ein Ereignis, das zelebriert wurde, das mit Aufregung und Erregung verbunden war und mit dem geprahlt wurde. Gab es doch Gründe, nicht in das Bordell zu gehen, begründet J. diese mit Verunsicherung ob der eigenen Sexualität oder der Furcht vor Spitzelei durch die SS. Wieder einmal sind es nicht den Zwang anerkennende Beweggründe, sondern „Hemmungen […], weil er so lange mit Mädchen nichts gehabt hatte, also nicht gewusst hat, wie soll ich das machen, was soll ich fragen". Das Bild der eigenen Männlichkeit war durch die KZ-Haft erschüttert worden, Sex im Bordell barg Unsicherheiten und wurde außerdem mit Romantik und Erotik verwechselt. Diese Attribute vermitteln in J.s Erzählung Freiwilligkeit und blenden sogar den „Prostitutionskontext" vollständig aus. Als Konsequenz werden „diese schönen" zu ganz „normalen" Mädchen, mit denen der Häftling ein sexuelles Abenteuer eingeht und mit Hilfe derer die eigene Männlichkeit re-etabliert werden sollte.

Unter allen einbezogenen Interviewten ist J. der einzige, der die Zwangsarbeit im Bordell als „normales Arbeitskommando" bezeichnet. Er beschreibt das Verfahren der „Aussuchung" in Auschwitz-Birkenau, also die Rekrutierung der späteren Sex-Zwangsarbeiterinnen und deren Behandlung. Er betont, dass es für die Frauen keine Wahl gab, denn „Befehl ist Befehl". Die Frauen konnten sich ihrem Schicksal, ausgesucht zu werden, nicht entziehen. Für J. bedeutet aber genau dieses Schicksal nicht sexuelle Ausbeutung, sondern höhere Überlebenschancen und „gute Betreuung". Daraus schließt er, dass sich viele Frauen freiwillig meldeten, es „kein Problem [war] 1000 Mädchen zu finden unter den Bedingungen im Lager". Die weiblichen Häftlinge, von denen er annimmt, dass sie sich auch gemeldet hätten, bezeichnet er ebenfalls als „Mädchen". Zwar benennt er mit seiner Aussage „Da war nichts zu fragen" den Zwangscharakter des „Bordellkommandos", dass dies aber im Widerspruch zur „freiwilligen Meldung" der „1000 Mädchen" steht, fällt ihm nicht auf. Die hohe Zahl, die er für sie nennt, vermittelt den Eindruck, dass das Leben im Bordell einfacher gewesen sei, vor allem weil er es mit den wesentlich schlechteren „Bedingungen im Lager" vergleicht. Seine Formulierung verdeutlicht, dass er das Bordell nicht als offiziellen Teil des Ausbeutungssystems begreift (obwohl er es als Arbeitskommando bezeichnet), sondern als Ausweg oder Rettung.

Schließlich stellt J. der Sex-Zwangsarbeit „normale Arbeiten" gegenüber und entwirft auf diese Weise ein fiktives Bild der Bordellrealität, die in jeglicher Hinsicht einfacher, erträglicher, besser und „weniger schlimm" war. Anschließend erzählt er von sich selbst und dem „Arbeitskommando", dem er zugeteilt war. Dort wurde niemand „wirklich gut betreut", obwohl er Mithäftlinge hatte, die auch „wunderschöne Mädchen" waren. Stattdessen waren diese und damit auch er starker Reglementierung in Form von „strenge[r] Disziplin" und ständiger „Kontrolle" unterworfen. Seinen Implikationen folgend war die „Prostitution" im Bordell meist unbewacht, die Sicherheitsvorkehrungen und das Bestrafungssystem nicht der Rede wert. Im Gegensatz zu den Frauen im

Bordell mussten er und seine Mithäftlinge „schuften". Dieses Beispiel zeigt, dass J. den „Sonderbau" zwar als Ort eines „Arbeitskommandos" versteht, die „Tätigkeit", die die Frauen dort ausüben mussten, jedoch weder als körperliche Belastung noch als schwierige Lebensumstände begreift.

Zusammenfassung der Interpretation des dritten Interviews

Im Interview mit Christa Paul drehen sich die meisten Beobachtungen und Erzählungen von J. um die Schönheit der Sex-Zwangsarbeiterinnen. Die dabei entstehende Atmosphäre ist nicht nachvollziehbar, da nur das Transkript des Interviews vorliegt und sich Paul auch nicht dazu äußert. J. ruft in seinem Bericht eine Kategorie auf, die es im KZ-Universum nicht mehr gab, da durch die systematische Entmenschlichung der SS jedes menschliche und auch gegenderte Unterscheidungsmerkmal zunichte gemacht wurde. Es verwundert daher nicht, dass er über das Äußere der Frauen spricht, ihr Haar und ihre Kleidung. Jedoch ist dies immer mit Bewertungen verknüpft: Die Attraktivität der Frauen wird gemessen und ihre besseren Lebensumstände werden benannt. Zwang und sexualisierte Gewalt rücken automatisch und vollständig in den Hintergrund, stattdessen bekommt die zwanglose Erzählung über Sex ihren Platz. Bezogen auf Arbeit, Sex und Behandlung dominieren ausschließlich männliche Perspektiven sowie seine eigenen Erinnerungen. Obwohl er das „Bordellkommando" als „Arbeitskommando" bezeichnet, bleibt es für ihn trotzdem nicht mit anderen Zwangsarbeitsformen vergleichbar. Stattdessen geht er sogar über eine Relativierung hinaus und benennt die angenommenen Vorteile der Sex-Zwangsarbeit. Sein Schicksal bleibt auf diese Weise immer schlimmer und die eigene Qual immer größer als jene der Sex-Zwangsarbeiterinnen.

Wie in den beiden vorangegangen Interviews legitimieren auch in diesem Bericht Beobachtungen und Geschichten anderer

Männer das von ihm konstruierte Bild über Sex-Zwangsarbeit. J. leistet damit nachträglich männlicher Verfügungsgewalt über den weiblichen Körper Vorschub, die von ihm in seinem Bericht nicht wahrgenommen wird. Seine Darstellungen sind hochgradig paternalistisch („schonen"), patriarchal („gut betreut") und sexistisch („die besten Mädchen").

V. Die Analyse des ausgewerteten Interviewmaterials

Die Interpretation der drei Interviews zeigte exemplarisch, wie die männlichen Häftlinge in ihren Berichten Normen setzen und Bilder re-/produzieren. Um eine Grundlage für die Analyse des gesamten Materials zu schaffen, wurde dieser Vorgang für jeden themenrelevanten Part der 33 Interviews durchgeführt. Nur so war es möglich, verallgemeinerbare Ausschlussmuster und deren Varianten zu identifizieren, Begrifflichkeiten zu verorten, aber auch Überschneidungen zuzulassen – kurz: das Material analytisch erschließbar zu machen.

1. Die Entwicklung der Analyse-Kriterien

Folglich war der erste Schritt des Analyseprozesses ein Vergleich der gefundenen Hauptaussagen innerhalb der Interviews: Darstellungen einzelner Aspekte der Lebensumstände, der „Motivationen" oder der Lebensbedingungen der Sex-Zwangsarbeiterinnen fanden sich in allen Interviews wieder und wurden zu Gruppen zusammengefasst. Für diese wurden anschließend Kriterien entwickelt, die die Funktionen der Ausschlussmechanismen in ihrer Eigenständigkeit hervorheben, aber auch ihren intersektionalen Charakter verdeutlichen sollen. Die Benennung von Rechtfertigungen, Bewertungen, Relativierungen und Sprecherpositionen *und* ihrer Bedeutungen (für den Erinnerungsdiskurs) wurde somit für das Gesamtmaterial möglich. In diesem Prozess macht auch wieder das bereits mehrfach angeführte Konzept des „Othering" die Konstruktionen dieser unterschiedlichen Positionen sichtbar.

Die vier entwickelten Kriterien lauten im Einzelnen:

1) Die Deutung von Sex-Zwangsarbeit als „Freiwilligkeit" und „freiwillige Prostitution"
2) Die Negierung des Arbeitscharakters der Sex-Zwangsarbeit
3) Vorstellungen von Lebensbedingungen und Objektivierungen durch Äußerlichkeiten
4) Die Darstellung der Sex-Zwangsarbeit in zwei Extremen: als erotisches Erlebnis oder als Gefährdung des politischen Widerstands

Erstes Teilergebnis: „Leid" als Bewertungsmaßstab innerhalb der untersuchten Zeugnisse

Das beschriebene Vorgehen führte zu einem ersten, wesentlichen Zwischenergebnis der Analyse: Durch den Vergleich der Funktionen der Ausschlussmechanismen untereinander und die Zuweisung von Kriterien konnte „Leid" als der entscheidende Bewertungsmaßstab für die Aussagen der Männer identifiziert werden: Sprechen die ehemaligen Häftlinge in den Interviews direkt oder indirekt von Leid im Konzentrationslager, meinen und bezeichnen sie damit vor allem „körperliches Leid". Aus ihrer Perspektive ist dies jene Form von Leid, die am *eigenen* Leib erfahren wurde, die sichtbar war, Spuren hinterließ oder Spätfolgen hatte – und auf keinen Fall mit Sex oder Sexualität in Zusammenhang stand. Dieser Leid-Begriff ist für die Männer grundlegend und definiert, was als Ausbeutung von Menschen in Konzentrationslagern anerkannt wird. Nur schwere Arbeit, Hunger, Kälte, Schmutz, Krankheit, körperliche Schmerzen und

Zwang, die Elemente dieses Leids sind, werden als „authentische" Leiderfahrungen akzeptiert. Diese „männliche" Definition „authentischen Leids" formt daher auch die Wahrnehmung und Bewertung der Leiderfahrungen „Anderer".[203] Sie produziert bewusst Ausschlüsse und führt diese kontinuierlich fort. Dies bedeutet, dass das Benennen und Bewerten des eigenen Leids anderes Leid herabsetzt, ignoriert oder negiert. Diese Erkenntnis ist substanziell für das Verständnis der weiteren Analyse-Ergebnisse.

„Authentisches Leid": drei zu erfüllende Bedingungen

Die Analyse wird also zeigen, dass dieses Bewertungssystem, das die Männer durch ihre Definition von Leid aufrufen, Maßstäbe setzt. „Authentisches Leid" ist aus ihrer Perspektive folglich notwendig, um als „ideales Opfer" von der Gesellschaft und der „idealen Opfergemeinschaft" anerkannt zu werden. Erfüllen Überlebende wie die Sex-Zwangsarbeiterinnen diesen Anspruch nicht, wird ihre Leiderfahrung auch nicht wahrgenommen oder nur verfälscht wiedergegeben. Als Konsequenz bleibt ihnen dieser „Opferstatus" verwehrt.

Diese Theorie soll drei Punkte in Hinsicht auf das untersuchte Material bestätigen:
- „Leid" wird von einer „idealen Opfergemeinschaft" definiert. Ihre Definitionsmacht wird von einem männlich dominanten Standpunkt strukturiert.
- Das Motiv „Leid" ist *das* strukturierende Element männlicher Erinnerungsbilder über Sex-Zwangsarbeit und Sex-Zwangsarbeiterinnen.

---

[203] Dieses männlich definierte und anerkannte Leid spiegelt sich auch in der juristischen Aufarbeitung und den anschließenden staatlichen Entschädigungsverfahren nach dem Krieg wider.

- Über das Motiv „Leid" werden Anerkennung und Ausschluss von der „idealen Opfergemeinschaft" verhandelt. Subjektpositionen werden reetabliert, Objektpositionen werden zugewiesen.

Zweites Teilergebnis: Aufeinander aufbauende Analyse-Kriterien

Durch eine festgelegte, aufeinander aufbauende Reihenfolge der vier genannten Analyse-Kriterien werden ihre Abhängigkeiten zueinander und Schnittmengen untereinander noch deutlicher gemacht. Erst durch diese Ordnung wird ersichtlich, wie die männlichen Häftlinge zunächst über die Behauptung des „Freiwilligkeitsmythos" eine Rechtfertigung für die Benennung der Sex-Zwangsarbeit als „Prostitution" konstruieren. „Prostitution" wird von ihnen in der Folge wiederum nicht als Arbeit anerkannt, da die vermeintlichen Lebensbedingungen nicht den Umständen und Anforderungen von Arbeit beziehungsweise Zwangsarbeit im Lager entsprechen. Beide Argumente zusammen ermöglichen den Männern eine erotische Verfremdung der Zustände im Bordell. Aus männlicher Perspektive rechtfertigt dies die Wahrnehmung der Sex-Zwangsarbeit als erotische Ware: Er wird verführt, sie wird bezahlt. Sie negieren durch diese Ausschlussmechanismen das subjektive Leid dieses Unrechts und erkennen erneut sexualisierte Gewalt gegen Frauen nicht an. Stattdessen wird durch diese Form der Wiedergabe von Ereignissen die Glaubwürdigkeit der Frauen untergraben, indem die Männer eine Erinnerung propagieren, die oft der Fiktion und Fantasie näher steht als der Realität.

2. Die Ergebnisse der Analyse des Gesamtmaterials

Die nun folgende Analyse anhand des Interviewmaterials geht daher über die reine Identifizierung der Funktion der Ausschlussmechanismen hinaus. Es werden faktische Widersprüche aufgedeckt und deren mögliche Bedeutung für das männliche Kollektiv benannt. Die Funktionen von Körperkonstruktionen und ihren Naturalisierungen sollen zeigen, auf welche Weise gesellschaftliche Strukturen und Praktiken die Berichte der Zeitzeugen beeinflussen.[204] Erst durch diese gegenderte Analyse wird deutlich, warum die betroffenen Frauen aus dem Erinnerungsdiskurs ausgeschlossen wurden, warum „[t]he construction of gender is both the product and the process of its representation."[205]

Kriterium 1: Die Deutung von Sex-Zwangsarbeit als „Freiwilligkeit" und „freiwillige Prostitution"

Das erste Analysekriterium entspricht gleichzeitig auch der am häufigsten geäußerten Behauptung im Interviewmaterial: wohlfeiles Sprechen über „Prostitution" im Lagerbordell als Ausdruck von Verleugnung und Relativierung. Diese Verortung von Sex-Zwangsarbeit als „Prostitution" durch die männlichen Überlebenden ruft auch gesellschaftlich anerkannte Attribute und Stereotype auf. Die Sprechweisen und die gewählten Begriffe gegenüber den Frauen sind sowohl positiv als auch negativ besetzt und erfüllen eine entscheidende Funktion: Sie rechtfertigen die Absprache jeglicher Zwangsarbeit, die die „Damen", „Mädchen" oder

---

[204] Weiterführend hierzu: Lorey, Isabell (2009), Der weiße Körper als feministischer Fetisch, in: Dietze, Gabriele/Hrzan, Daniela/Hußmann-Kastein, Jana/Tißberger, Martia (Hg.), Weiß-Weißsein-Whiteness. Kritische Studien zu Gender und Rassismus, Frankfurt am Main: Peter Lang Verlagsgruppe, S. 61-84, hier S. 76.
[205] De Lauretis, Teresa (1987), Technologies of Gender. Essays on Theroy, Film and Fiction, Bloomington: Indiana University Press, S. 5.

„Huren" leisten mussten. Damit einher geht auch die Aberkennung des Häftlingsstatus' der Frauen, da sie weder begrifflich noch inhaltlich mit diesem in Verbindung gebracht werden:

„They [die SS, V.S.] did not use them [weibliche Häftlinge, V.S.] for prostitution. There were different girls used for prostitution because we did have a prostitution house. I don't know if you heard about it."[206]

Diese Aussagen der Männer verharmlosen die Erfahrungen der Sex-Zwangsarbeiterinnen, das erlebte Leid wird ihnen durch diese Konstruktion am deutlichsten abgesprochen. Häufig äußern die Männer in den Interviews auch, dass es in ihren Augen für die Frauen ein Glücksfall war, im Bordell „sein" zu können. Es erscheint ihnen vollkommen unmöglich, dass die Sex-Zwangsarbeiterinnen dort Leid erfahren haben könnten, da sie lediglich ihren früheren Beruf als „Prostituierte" im Lagerbordell fortgeführt hätten:

„Now who were these prostitutes? I suspect that they were people, who had, some of them might have been prostitutes from Berlin or from other places."[207]

In diesem Zusammenhang ignorieren die männlichen Überlebenden auch die Tatsache, dass jede Arbeit von Häftlingen im KZ unter Zwang ausgeübt wurde. Durch diese Ausblendung in Bezug auf Sex-Zwangsarbeit ist es ihnen möglich, den bereits beschriebenen Mythos der Freiwilligkeit weiter zu tradieren:

„Und wohin sie verschwunden sind? Weiß ich nicht. [...] Waren das überwiegend schöne Frauen? Wahrscheinlich ... von Beruf schön. Keine Zwangslage."[208]

---

[206] Zitiert aus: Interview Nr. 10. Weitere Belege: Interview Nr. 04, 05, 08, 09, Nr. 13, 16, Nr. 17 und Nr. 22.
[207] Zitiert aus: Interview Nr. 04. Weitere Belege: Interview Nr. 11.
[208] Zitiert aus: Interview Nr. 24. Weitere Belege: Interview Nr. 30,

Und:

„That was created for a strange reason to release our tension. But not for the jews. I believe the French and other nation were allowed. But jews or gipsys were not allowed to use it. There were girl prisoners and I, at this point I cannot really say if they were volunteer or force, I'm not sure. I suspect they volunteered and I don't suspect there were any jewish girls either."[209]

Auch Aussagen darüber, dass die Frauen „gut behandelt" wurden, überlagern den ursprünglichen Zweck der Bordelle für die SS und die Auswirkungen der sexuellen Ausbeutung. Dadurch, dass es den Frauen angeblich besser ging als allen anderen Häftlingen, sprechen die Überlebenden der Sex-Zwangsarbeit ihren Zwangscharakter ab, legitimieren dadurch erneut ihre „männliche" Definition von Leid und rechtfertigen so gleichzeitig die aufgestellte Behauptung der Freiwilligkeit.

Das Spannungsfeld „Prostitution"/Sex-Zwangsarbeit steht beispielhaft für die Projektion der Außenwelt auf und in das Lager durch die Häftlinge. Bei keinem anderen Aspekt werden die Männer in ihren „Beobachtungen" und Berichten über das Bordell eindeutiger, nie projizieren sie mehr Vorurteile und Abfälligkeiten auf die Frauen als hier. Die Verwendung der Begriffe „Prostituierte", „Puff" oder „Hurhaus" machen schnell deutlich, dass das Lagerbordell für die Männer institutionalisierten Sex bedeutet, den sie aus der Zeit vor ihrer KZ-Haft kennen. Dass die SS quasi als Zuhälter fungierte und die Häftlinge dadurch Teil des Ausbeutungssystems wurden, blenden sie aus. Als imaginierter Dienstleistung lastete diesem „Lager-Gewerbe" aber folglich auch nichts Verwerfliches an, da es für die Häftlinge die Kopie eines „normalen Bordells" darstellt, in dem es weder Zwang, noch Leid, noch Hunger, noch Schmerz, noch Arbeit gab und das daher eine Abwechslung vom Lageralltag war:

Interview Nr. 15.
[209] Zitiert aus: Interview Nr. 10.

„Es gibt ja andere, die sind ja freiwillig für dieses Handwerk, warum nicht. Das hat uns also auch gar nicht gestört, in der Hinsicht. Die Frauen waren wahrscheinlich auch sehr froh gewesen, weil das viel besser war wie sonst irgendwo."[210]

Ein Ort, der für sie teilweise mehr Fiktion als Realität war:

Interviewer: „Did you ever see women in the camp?"
Überlebender: „Not in reality but in a ..., what sounds like total fiction."[211]
Und
„So, das waren, sagen wir, Milieubilder, die normalerweise werden nicht aufgezeichnet oder geschildert. Und das zeichnet ein Paradoxon."[212]

Die Verwendung der Bezeichnung „Prostituierte" ermöglicht den Männern eine (abfällige) Distanzierung von den Frauen. Der Begriff vermittelt so den Anschein einer Richtigkeit, eines Wahrheitsgehalts dessen, was die Männer über die Frauen berichten, da sie auf bereits bekannte Stereotype und Meinungen zurückgreifen. Diese vorgefertigten (Vor)Urteile machen es den Männern einfach, die Frauen als liederliche „Huren" oder „leichte Mädchen" abzustempeln und sie von der Leidensgemeinschaft des Lagers abzugrenzen:

Interviewer: „Das wars. Alles jüdische Mädchen, oder? Jüdinnen."
Überlebender: „Nein. Es waren meist Prostituierte, die sie aus Frauen-Lagern gebracht haben wieder."
Interviewer: „Das war professionell so?"
Überlebender: „Ja. Alle."[213]

---

[210] Zitiert aus: Interview Nr. 23.
[211] Zitiert aus: Interview Nr. 04.
[212] Zitiert aus Interview: Nr. 09.
[213] Zitiert aus: Interview Nr. 16. Weitere Belege: Interview Nr. 01, 15, 17, 25.

Die Männer begehen auf diese Weise gravierende Fehlzuschreibungen: Sie stellen die Behauptung auf, dass die Frauen in der KZ-Haft über ihren eigenen Körper verfügen konnten, gerade weil sie Teil des „Bordellkommandos" waren. Die Männer erwecken mit ihren Beschreibungen und Behauptungen den Eindruck, dass körperliche und sexuelle Selbstbestimmung für die Frauen möglich, es „keine Zwangslage"[214] für sie war. Die Männer projizieren ihr eigenes Vergnügen im Bordell auf die Empfindungen der Sex-Zwangsarbeiterinnen und sehen darin eine Rechtfertigung ihrer Behauptungen. Die Definitionsmacht über den Komplex Zwang – Freiwilligkeit – Leid obliegt den Männern, die dadurch falsche Wahrheiten über die betroffenen Frauen etablieren.

Auch die Bezeichnung des einzulösenden Prämienscheins als „Sprungschein" für das Bordell in Mauthausen, verdeutlicht diesen vermeintlichen Zweck des Bordells und die Absichten der Männer bei einem Besuch. Sie ist ein weiterer Indikator sowohl für den moralischen Unwert der betroffenen Frauen als auch für ihren Zweck als „Prostituierte". Sexualisierte Gewalt wird durch diesen äußerst sexistischen sowie diskreditierenden Begriff unsichtbar gemacht.

Nur wenige Männer, abhängig von Nationalität und Häftlingsstatus, konnten überhaupt das Bordell besuchen. Den meisten war der Zugang aufgrund ihrer Herkunft, ihres Verfolgungshintergrunds oder ihrer politischen Einstellung verboten beziehungsweise von ihnen selbst nicht gewollt. Durch diese Beschränkung kommt zum Ausdruck, dass viele der abgegebenen Berichte und vieles des „authentischen" Wissens über die Zustände im Bordell und die Lebensbedingungen der Sex-Zwangsarbeiterinnen auf Hörensagen beruhen. Die überlieferten Berichte sind damit durchaus als funktionale Nacherzählungen, wenn nicht gar als ausgeschmückte Männergeschichten zu verstehen. Den meisten Häft-

---

[214] Zitiert aus: Interview Nr. 13.

lingen, die Bordellgänger waren, war das Schicksal der Frauen vermutlich gleichgültig oder wog zumindest nicht schwer genug, um sich selbst zu belasten. Daher äußerten sie sich auch nach dem Krieg kaum darüber oder verharmlosten ihre Berichte:

„I [der privilegierte Häftling mit Prämienschein, V.S.] ask them [die Sex-Zwangsarbeiterinnen, V.S.]: where are you from, where are you from? And the last one said: you are so hard to please, you can't pick one what you like. I said, I don't one any I just want to know where you come from. Are you forced to come here? Or you are professional? She said, some are professional but some are picked up from the streets. Not jewish women, just picked up from the street and put here [lacht]."[215]

Als Konsequenz sprachen meist Dritte über die Frauen und das Bordell und berichteten Hörensagen. Diese Berichte werden (auch aufgrund ihrer schieren Überzahl) als legitim erachtet. Die vier existierenden Zeugnisse von ehemaligen Sex-Zwangsarbeiterinnen kommen gegen dieses patriarchale Konstrukt nicht an.

Kriterium 2: Die Negierung des Arbeitscharakters der Sex-Zwangsarbeit

In den Erzählungen von KZ-Überlebenden ist Arbeit beziehungsweise Zwangsarbeit in den Konzentrationslagern einer der gewichtigsten Faktoren, der Leid determiniert. Die Form der geleisteten Zwangsarbeit und die Umstände, unter denen sie geleistet wurde, beeinflussten Überlebenschancen, Gesundheit, Ansehen und im Falle der Sex-Zwangsarbeiterinnen auch die Anerkennung innerhalb der Häftlingsgesellschaft. Wie bereits aufgezeigt verorten die männlichen Häftlinge Sex-Zwangsarbeit

---

[215] Zitiert aus: Interview Nr. 08.

als „Prostitution" und benennen Motivationen, Bezeichnungen und „Beobachtungen" entsprechend. Obwohl die Erinnerungsberichte „Prostitution" als Dienstleistung oder Gewerbe außerhalb und innerhalb des Lagers darstellen, erkennen die Männer sie nicht als Arbeit an. Zwar bezahlen sie mit „Lagermark" für die Frauen, bezeichnen sie als „Prostituierte" und den Ort als „Puff", verweigern aber selbst aus dieser Perspektive heraus ihre Anerkennung als Arbeit und sehen die Frauen stattdessen als käufliche Ware.

Ein wesentlicher Aspekt von Zwangsarbeit ist ihre Körperlichkeit: Nur jene Arbeit, die fortwährend unter Zwang und physischer Anstrengung im Lager ausgeübt wurde, wird als Zwangsarbeit anerkannt und autorisiert das so erfahrene Leid der Häftlinge. Aus dieser Wahrnehmung heraus und der daraus folgenden Erinnerungs- und Anerkennungssstruktur verweigern es die Männer, Sex als Arbeit zu akzeptieren. Die verwendete Chiffre der „Prostitution" drückt zwar einen Dienstleistungscharakter aus, bedient jedoch lediglich eine „natürliche" Verwertungslogik von Sex, die auch innerhalb des Konzentrationslagers Bestand hatte.

„And this was in Buchenwald, a big house, a big house, a house for iller people. And you could see it. The girls were walking outside a gate around it. They used to walk all day long around it while we were working or coming from work. We used to see them."[216]

Der Transfer der normierten Außenwelt auf das „KZ-Universum", die selbstverständliche Verfügung über weibliche Körper und die Fremdbestimmung über das Schicksal und Ansehen der „Anderen" finden sich als grundlegende Aspekte in den Interviews wieder. Eine Verbindung von Sex, Zwang und Arbeit zu einem Ausbeutungssystem, in dem extremes Leid erfahren wurde, findet hingegen nicht statt. Hinzu kommt, dass Sex im

---

[216] Zitiert aus: Interview Nr. 02. Weitere Belege: Interview Nr. 06, 24.

Lagerbordell (an einem Ort und in einem System, die beide weder jemals frei von Zwang waren noch eine Möglichkeit zur Entscheidung boten) immer mit Freiwilligkeit assoziiert wird. Da die Frauen also weder Zwang im Lagerbordell erfahren haben, noch „körperliche Arbeit" im Lagerbordell leisten mussten, werden sie nicht in die Leid-Gemeinschaft integriert.

Interviewer: „Why would they volunteer?"
Überlebender: „They lost a country, they lost their husband, they were imprisoned, they became just like the rest of the population in the concentration camp. And they were subjected to heavy labour [...]."[217]

In der konstruierten Darstellung der Sex-Zwangsarbeit in Lagerbordellen arbeiteten die Frauen also überhaupt nicht, da sie lediglich Sex hatten. Sex gilt in dieser männlichen Repräsentationslogik nicht als Arbeit, weil sich die betroffenen Frauen selbst Lust und Befriedigung erfüllten und ein einfaches Leben schufen. In Abgrenzung dazu beschreiben die männlichen Häftlinge ihr eigenes Leben im KZ, das von Entbehrungen und harter Arbeit geprägt war. Dieser Vergleich lässt keinen Raum für Anerkennung oder Verständnis für die sexualisierte Zwangserfahrung der Frauen. Stattdessen rechtfertigt er ein stillschweigendes Übergehen. Der Vergleich wirkt zudem wie eine Aufwertung oder Bestätigung, die das eigene Schicksal als das wirklich leidvolle und aufgezwungene markieren, welches von alltäglicher, harter Arbeit bestimmt wurde:

„Not everybody could go. First of all you had to have a strength, you have to have, I was very weak even as a Pole. My weight was very down and I was working very hard in the camp so it was only those who were privileged who had the big packages, like I told you."[218]

---

[217] Zitiert aus: Interview Nr. 12. Weitere Belege: Interview Nr. 13.
[218] Zitiert aus: Interview Nr. 10.

Und

„So dass die Frauen, zwei Mal dreimal in der Woche waren die tätig, praktisch in einem Abend mit allen die Prozedur rundherum mit zehn Männern oder vielleicht sogar mehr erledigt haben."[219]

Die Männer übersehen in Bezug auf die Sex-Zwangsarbeiterinnen auch die Entmenschlichung, der jedes Individuum unterworfen wurde, das in ein Konzentrationslager kam. Indem sie Sex als Arbeitsform und Zwangssituation verleugnen, negieren sie auch die Unterdrückung und Entmenschlichung der Frauen. Auch die „rassepolitischen" Vorgaben der SS innerhalb des Bordells führen bei den Häftlingen nicht dazu, die Ausbeutung der Frauen anzuerkennen:[220]

„Und was das Treiben da betrifft, wurde man einfach empfangen von der Puffmutter, die hat dann nach der Nationalität gefragt und hat sie versucht den Mann so zu zuteilen, dass die Partnerin seine Muttersprache beherrschte. Da kamen die Deutschen sehr kurz, war die zwei Deutschen waren immer vergriffen. Und so mussten die, das war auch, die durften auch keine Polin haben ein deutsches Kapo, immer bei einer Tschechin, die reichte noch."[221]

Stattdessen reduzieren und instrumentalisieren sie das Dasein der Frauen als Abwechslung zum eigenen entmenschlichenden KZ-Alltag. Eine Strategie, die voraussetzt, dass zuerst das Leid und die Realität der Sex-Zwangsarbeiterinnen geleugnet werden und so das Bordell nicht als Zwangsarbeitskommando anerkannt werden muss: Diese Umkehr und Ablehnung lässt die männlichen Häftlinge ein Stück weit „Männer" sein und nicht nur Häftlinge. Besonders deutlich werden hier die patriarchalen beziehungsweise sexistischen Machtverhältnisse, innerhalb derer den Häftlingen

---

[219] Zitiert aus: Interview Nr. 13.
[220] Siehe hierzu: Kapitel III.2.
[221] Zitiert aus: Interview Nr. 13. Weitere Belege: Interview Nr. 01, 02.

eine Position angeboten wurde (die des Freiers), die ihnen im entmenschlichenden KZ-Alltag ein Stück männliche Subjektposition zurückgab. Darauf gründend entwerfen die Männer ein unschuldiges Bild des Bordellbesuchs und negieren gleichzeitig Sex-Zwangsarbeit als Arbeit:

„Für das Lagergeld konnte man, wenn man nicht jüdisch war, konnte man in dieses Bordell gehen oder Mineralwasser kaufen oder Muscheln."[222]

Dieses Zitat verdeutlicht die vorgenommene Kategorisierung von Sex als Ware und Bedürfnisbefriedigung. Dass es sich dabei um die Be- und Vernutzung von Frauen handelt sowie ihre vollständige Objektivierung, wird von den Männern ignoriert.

Kriterium 3: Vorstellungen von Lebensbedingungen und Objektivierungen durch Äußerlichkeiten

Eng verknüpft mit der Behauptung, dass die Frauen nicht arbeiten mussten, ist die Bewertung von Äußerlichkeiten und die Zuschreibung gewisser Lebensbedingungen durch die männlichen Überlebenden. Da Arbeit im KZ sehr häufig mit Schmutz, schlechter Kleidung, Unterernährung, Verletzungen und Krankheit verbunden ist, lässt sich aus dieser männlichen Perspektive Sex-Zwangsarbeit leicht als *Nicht*-Arbeit identifizieren. Die Frauen werden anhand ihres Äußeren, ihrer Attraktivität, ihrer vermeintlichen Gesundheit und Lebensumstände bewertet. Diesem Wertesystem liegt wiederum die Auffassung von Sex-Zwangsarbeit als „Prostitution" zugrunde, die die Frauen zur Ware transformiert, die es zu bewerten gilt, da sie käuflich ist. Die Anerkennung der Leiderfahrung tritt auch hier erneut hinter die

---

[222] Zitiert aus: Interview Nr. 13. Weitere Belege: Interview Nr. 14.

Phantasiebefriedigung der Männer und deren widrige Lebensumstände zurück.

Die Objektivierung der Frauen aufgrund ihres Äußeren bestätigt das männliche Subjekt. Darin spiegelt sich patriarchales Gebaren wider und das Recht der Männer, die Frauen bewerten zu dürfen. Durch die Kategorie „Schönheit/Attraktivität" werden sie noch stärker aus dem allgemeinen Häftlingskollektiv ausgegliedert, da dies für andere Frauen oder auch Männer im Lager keine Gültigkeit mehr hatte. Diese Strategie der Bewertung steht zum einen für das Recht der Männer, diese Frauen zu beurteilen und über sie zu urteilen. Zum anderen bekräftigt es das Stereotyp der „schönen Prostituierten". Auch die zivile Kleidung, die die Frauen tragen mussten, unterstützt aus Sicht der Männer die Behauptung der Freiwilligkeit und die Projektion der Werte der Außenwelt auf das Lagerbordell. Bekräftigt werden auch fantastische Vorstellungen über das Leben im Bordell durch „Beobachtungen" der „nackten oder sich sonnenden Frauen":

„Ich seh' sie noch im Schnee stehen auf hohen Absätzen und sehr schön angezogen, Pelze und so weiter."[223]

Diese animieren die Männer zu sexistischen Kommentaren und geben den Erinnerungen an die Sex-Zwangsarbeiterinnen einen verwerflichen Beigeschmack, der erneut landläufige Meinungen über das „Prostitutionsgewerbe" reproduziert.

„Und noch etwas: alle diese Damen, als ich in KB [Krankenbau] war, um elf Uhr jede Woche, mussten zu ärztliche Kontrolle kommen [lacht ungläubig und belustigt]. Und das war wiederum ein Gaudi für die Häftlinge, die es das gesehen haben."[224]

Da ärztliche Versorgung und ein guter Gesundheitszustand als Privilegien angesehen wurden, ist dies ein weiterer Grund für die

---

[223] Zitiert aus: Interview Nr. 13. Weitere Belege: Interview Nr. 02, 22, 30.
[224] Zitiert aus: Interview Nr. 09. Weitere Belege: Interview Nr. 06.

Männer, den Sex-Zwangsarbeiterinnen die Erfahrung von Leid abzusprechen. Allerdings beruht hier, wie in anderen Fällen auch, die Erzählung auf Spekulation. Die Männer konnten nicht wissen, was mit den Frauen im „Krankenrevier" geschah. Da sie ihnen aber von vornherein bessere Lebensumstände unterstellen, müssen auch die „Gesundheitsprüfungen" zum Vorteil der Frauen sein. Im Gegensatz zu dieser Darstellung erlebten die Frauen unter Zwang Abtreibungen, Sterilisation, Spülungen, Abstriche und medizinische Experimente. Dieser Realität stellen die Männer fiktive Erzählungen gegenüber, die das eigene Opfersein unterstreichen und das der Frauen aufheben.

Kriterium 4: Die Darstellung der Sex-Zwangsarbeit in zwei Extremen: als erotisches Erlebnis oder als Gefährdung des politischen Widerstands

In vielen Berichten der Männer werden „Verführung", „Voyeurismus", „Sex" sowie „sexuelle Freiheit" zu einem bis dahin im KZ nicht existierenden Teil ihrer Selbstwahrnehmung. Es sind Zustände oder Tätigkeiten, die im Terrorsystem der SS eigentlich verboten und unvorstellbar waren, zu denen die Männer dann aber über die Körper der Sex-Zwangsarbeiterinnen Zugang hatten. Die Frauen werden im Zuge dessen zu Objekten des Begehrens aufgewertet oder der Manipulation beschuldigt und dadurch abgewertet. Die männlichen Häftlinge definieren über die Körper der Frauen ihre sexuelle Selbstbestimmung oder beklagen die Beschneidung selbiger durch Restriktionen in Bezug auf die verfügbaren weiblichen Körper.

Häufig stellen sich die Männer als die verführten „Opfer" der Sex-Zwangsarbeiterinnen dar, da die Frauen durch ihre bloße Anwesenheit ein Angebot gemacht hätten, das die Männer nicht ablehnen konnten. Der Mythos des „natürlichen männlichen Triebs" und seiner Befriedigung erfüllt hier die Funktion der Entschuldung. Lust und Begehren wurden erst durch die Frauen geweckt, „konnten" sich die Männer diesem nicht erwehren, sahen sie sich als die Opfer der sexuellen Macht der Sex-Zwangsarbeiterinnen:

„Sturmbannführer Wilde, came to us and said: We will let you make use of the prostitutes. And we had a serious meeting, decide whether we should or not [lacht dabei]. Anonymously decided we make not use of that. [...] But they [the SS, V.S.] intrigued us of course, to know that women were nearby. We were between 18 and 22 years of age and this was a very intriguing and puzzling situation."[225]

Eine weitere Rechtfertigungsvariante dieses „Opferkonstrukts" basiert auf der Unfreiheit der Wahl: Die Männer heben erneut ihr Leid über das der Frauen und projizieren für sie selbstverständliche (männliche) Standards der früheren Lebenswelten auf die Bordelle der Konzentrationslager. Der Freier wählt die „Prostituierte" beziehungsweise der Mann bestimmt über die Frau, das patriarchale System wird auf das Lagerbordell übertragen. Hier gehen die Zuschreibung der „Prostitution" und ihrer vermeintlichen Attribute mit männlicher Definitionshoheit über den Opferstatus eine Wechselwirkung ein: Sie instrumentalisieren an dieser Stelle Sex-Zwangsarbeit für die Darstellung des eigenen Leids – der Wegnahme der gewohnten männlichen Entscheidungsfreiheit im Bordell über die eigene Sexualität und die Frau: „[...] and then he could use a woman, he couldn't have his choice, his choice [...]."[226] Außerdem:

„Und dann hat sie [die Aufseherin, V.S.] die zugeteilt und hat sie [die Sex-Zwangsarbeiterinnen, V.S.] abgewaschen mit einer

---

[225] Zitiert aus: Interview Nr. 04.
[226] Zitiert aus: Interview Nr. 31.

Desinfektion und dann hat er fünf Minuten Zugang gehabt. Nach fünf Minuten musste er raus."[227]

Auch die Position des „Beobachters", des Voyeurs wird durch Vergleich und Relativierung gerechtfertigt. Da die Männer in ihrem „Lageralltag" hart arbeiten mussten und viel litten, ist die Objektivierung der Frauen sowohl durch Sprache als auch wie in diesem Fall durch Blicke legitim. Dieser „Zeitvertreib" zeigt die Zurschaustellung der Frauen und offenbart, dass das Schicksal der Sex-Zwangsarbeiterinnen vollständig ausgeblendet wird. Das eigene, vermeintlich größere Leid rechtfertigt wieder die Abwertung der Frauen zu Unterhaltungsobjekten. In den meisten Interviews sind die Sequenzen über Sex-Zwangsarbeit daher auch die heitersten, da in diesen über „verruchte Bordelle" und „erotisierte Prostituierte" erzählt werden kann. Auf der anderen Seite wird diese Konstellation auch verwendet, um das Verantwortungsbewusstsein der Männer zu illustrieren, die nur durch ein Sich-Entziehen politisch glaubhaft bleiben konnten. Gleichzeitig wurde damit auch den Sex-Zwangsarbeiterinnen der Vorwurf der Spionage und des Verrats gemacht.

Der Bordellbesuch entsprach eigentlich nicht den ideologischen Grundsätzen der kommunistischen Häftlinge: Zum einen galten Frauen im marxistischen Diskurs nicht als Ware. „Prostitution" wurde daher nicht akzeptiert und generell abgelehnt. Zum anderen wurde das Lagerbordell aber als Ort der „Widerstandszersetzung" wahrgenommen und sollte deshalb gemieden werden. Trotz des Boykottaufrufes beantragten politische Häftlinge den Bordellbesuch:

„Da die geheime Lagerleitung der Häftlinge durch die Blockältesten Kontrolle darüber hatte, wer den Sonderbau besuchte, konnte mit solchen, wenn sie zum politischen Kreis gehörten, geredet werden. War das zwecklos, wurde der Häftling aus dem

---

[227] Zitiert aus: Interview Nr. 13.

Kollektiv der Politischen langsam entfernt, da jeder Besucher des Sonderbaus von der SS erpresst werden konnte, wodurch Gefahr für den Untergrund bestand."[228]

Jene „politischen" Häftlinge in Buchenwald, die den Bordellbesuch boykottierten, nannten dafür im Nachhinein die erwähnten ideologischen Gründe. Vermutlich war dies aber der unwesentlichste Grund, da unter den „Politischen" vielmehr eine große Furcht vor Spitzeleien im Bordell (sowohl durch die SS als auch durch die Sex-Zwangsarbeiterinnen) und der Spaltung des Widerstands herrschte. Auch von ihnen wurde der Gewaltcharakter der Sex-Zwangsarbeit also nicht anerkannt. Solidarität und Empathie mit den betroffenen Frauen wurde von Angst und Verrat überlagert. Dies führte erneut zur Zuschreibung bestimmter Charaktereigenschaften der „Prostituierten" aufgrund des Verdachts der Spionage und Kollaboration:

„Aber eines Tages erfuhr ich, betraf denselben Häftling, der als angeblicher Asozialer mit dem schwarzen Winkel als Jude im Lager war, dass der sich Zutritt zum Bordell ... die SS hat doch ein Bordell eingeführt, in der Hoffnung uns damit korrumpieren oder zersetzen zu können. Juden durften natürlich nicht ins Bordell. Den hab ich mir also vorgenommen. Ich sag, lieber Freund, wenn das noch mal passiert. Dann wars das letzte Mal, sei dir klar darüber. Es geht nicht darum, dass du etwas riskierst, riskierst etwas für alle hier im Block."[229]

Auch Hans Maršálek stellt in seiner Chronik über das KZ Mauthausen das Bordell als Ort des Verrats und der Spaltung der Häftlinge dar:

„Wie in Mauthausen so stellte auch in Gusen die Existenz der Bordelle einerseits eine unerschöpfliche Quelle der Intrigen inner-

---

[228] Zitiert aus: Interview Nr. 28. Weitere Belege: Interview Nr. 03.
[229] Zitiert aus: Interview Nr. 03.

halb der Häftlingsfunktionäre und andererseits eine wertvolle Nachrichtenstelle der SS-Lagerleitung dar."[230]

Allerdings wird in keinem der untersuchten Interviews ein konkretes Beispiel für die Spionage durch die Sex-Zwangsarbeiterinnen oder eine andere von ihnen ausgehende Gefährdung des Widerstands genannt. Im Gegenteil berichtet ein ehemaliger „politischer" Häftling, dass es

„[…] seit dem 42er Jahr ein Bordell in Buchenwald [gab]. Mit glaub ich sechs, sieben Mäderln, es war eine große Angelegenheit. Warn Prostituierte und man hat denen gesagt, sie dürfen mit der SS nix reden, da ham se sich auch dran gehalten."[231]

Und
Otto Feuer: She furnished the camp with a lot of informations.
David Boder: What kind?
Otto Feuer: … from this girl, which she drew out of the Lagerführer.

Die geschlechtliche Identität war im KZ auch weiterhin für das Selbstbild und die Beurteilung durch die Mithäftlinge bedeutsam. Ihre Bedeutung hat auch nach dem Krieg nichts von ihrem Gewicht verloren. Im Gegenteil finden sich identitätsstärkende Momente häufig in den untersuchten Interviews: Die Lagerbordelle werden instrumentalisiert, um den Erhalt der eigenen Männlichkeit zu erleben und später zu behaupten. Sexualität bedeutet für Männer, auch in Gefangenschaft, die Demonstration eigener Männlichkeit und sexueller Macht. Das erkannten auch die nichtprivilegierten Häftlinge:

---

[230] Zitiert in: Marŝalek, Hans (2006), „Die Geschichte des Konzentrationslagers Mauthausen", Wien: Mauthausen Komitee Österreich, S. 171.
[231] Zitiert aus: Interview Nr. 05.

„So, I was deprived of this pleasure. Not everybody could go."²³²

Durch die angeführten Darstellungsweisen rechtfertigen die Männer aber auch ihren „idealen Opferstatus", da sie entweder sexuelle Dominanz konstruieren, von den Frauen verführt werden und „wehrlos" dagegen sind (daher auch unschuldig bleiben), oder weil sie ihren Angeboten widerstehen und so das männliche, politische Kollektiv schützen.

3. Resümee der Analyse

Freiwilligkeit, gute Behandlung, Projektion außerweltlicher Standards, die positive Besetzung von „Prostitution" – all dies sind Faktoren, die sowohl im Einzelnen als auch in ihrer Gesamtheit das physische und psychische Leid, das die Frauen in den Lagerbordellen erfahren haben, negieren. Sie stehen für eine Verharmlosung des geschehenen Unrechts und schützen darüber hinaus eine Gruppe Männer, die bewusst das Bordell aufsuchte, andere, die Hörensagen weitergaben und die unreflektiert über Frauen und deren Schicksal urteilten. Dieser Mechanismus, Leid nicht als Leid zu akzeptieren, ermöglicht den Männern, sowohl Opfer zu bleiben als auch ihre Unschuld zu bewahren. Sie sprechen über die Frauen „[...] in der Tradition von Freiern [...]"²³³. Wären die Sex-Zwangsarbeiterinnen als Opfer ausbeuterischer, sexueller Gewalt anerkannt worden, hätten die „Freier"-Häftlinge diesen Status verloren – sie wären schließlich aus der „idealen Opfergemeinschaft" ausgeschlossen worden. Da aber sowohl die Männer selbst als auch das „unschuldige, männliche Kollektiv" das Leid der Frauen nicht akzeptierten und stattdessen ein völlig unzutreffendes Narrativ gestalteten, verbreiteten und

---

²³² Zitiert aus: Interview Nr. 10. Weitere Belege: Interview Nr. 02, 07.
²³³ Schikorra, Christa (2001), Kontinuitäten der Ausgrenzung, S. 201.

schützten, blieben die wenigen Stimmen der Sex-Zwangsarbeiterinnen ungehört und ihr Schicksal unsichtbar. Zu betonen ist dabei, dass die Männer in ihrem Handeln auch durch die Wechselwirkung mit den Nachkriegsgesellschaften beeinflusst wurden. Diese versuchten, eine ehrlichere oder selbstkritischere Darstellung dieser Stimmen oder gar ihre Artikulation durch Restriktionen und Stigmatisierungen zu verhindern.

Vergleiche dominieren die Beschreibungen der Sex-Zwangsarbeit innerhalb der Interviews, um ihren Charakter der *Nicht*-Arbeit herauszustellen. Lebensbedingungen, Freiwilligkeit, „Prostitution", Vergnügen, Wahl und wenige „Zugangstage" sollen dies bestätigen. Das Bordell gilt den Männern als zeitlich begrenzte Abwechslung von den harten Bedingungen des Lagers. Um dies genießen und rechtfertigen zu können, stellen sie das „Bordellkommando" als willkommene Flucht der Frauen vor Zwangsarbeit dar. Durch diese Aberkennung des Charakters als Arbeit verändern die Männer die Bedeutung des „Seins" der Frauen im Lager grundlegend. Statt einer legitimen Anerkennung und kritischen Auseinandersetzung mit sexualisierter Gewalt im Bordell, ersetzt Verfügungs- und Deutungsmacht die Erinnerung an die Sex-Zwangsarbeiterinnen. Die Männer manifestieren ein Unschuldsnarrativ, obwohl auch sie die Frauen ausbeuteten, eigenes Begehren an und mit ihnen befriedigten und ihnen als letzte Konsequenz auch den Status der Opfer absprechen.

Das Objekt „Prosituierte", das die Männer produzieren, wird instrumentalisiert: Durch die Interpretation ihrer Lebenswelt ermöglichen sich die Männer legitimen Zugang zum Körper der Frauen und damit zu Sexualität, Sex, Erotik und Romantik. An ihren Körpern wird aber auch die ungerechte Behandlung der Männer verhandelt und Betroffenheit konstruiert. Hier erfährt die völlig entrechtete Sex-Zwangsarbeiterin totale Negation, indem männliche Sexualität in Bordellen ihre Dominanz verliert und nun die Körper der Männer als enteignet betrachtet werden. Der

Opferstatus wird so erneut bestätigt, die Einschränkung der „Freierrechte" erscheint als Unrecht.

Darüber hinaus erfüllt Sex im Lagerbordell noch weitere Funktionen: Einerseits galt ein Einlassen mit den Sex-Zwangsarbeiterinnen als verwerflich, da das Bordell für Kapos, Funktionshäftlinge und andere privilegierte Häftlinge vorgesehen war. Andererseits wurde das Bordell zu einem imaginierten Fluchtort innerhalb des KZ, an dem Männlichkeit re-konstituiert und Macht demonstriert wurde. Durch die behaupteten Wirklichkeiten der Frauen können die männlichen Häftlinge Wünsche und Begehren auf den „gewaltfreien Raum Bordell" projizieren und ihn so verharmlosen.

Durch diese unterschiedlichen Argumentationsstränge werden die Sex-Zwangsarbeiterinnen von der „Leidensgemeinschaft", der „idealen Opfergemeinschaft" ausgegrenzt. Bestimmte KZ-Erfahrungen wie unter anderem Arbeit, Hunger und Krankheit werden ihnen systematisch abgesprochen. Die Aspekte von Kontrolle, Zwang und totaler körperlicher Verfügung bis zur Entmenschlichung sind für sie in den „Sonderbauten" nicht gegeben. Eine Abgrenzung von diesem „Nicht-Leid" und gleichzeitige Legitimation des eigenen Handelns und Urteilens wird häufig durch eine Selbstdarstellung verstärkt. Die Männer porträtieren auf diese Weise das eigene „authentische" Leid als einzig mögliche Form von Leid. Sexualisierte und sexuelle Gewalt werden durch die Berichtenden im untersuchten Interviewmaterial einstimmig nicht anerkannt. Als Konsequenz bleibt eine Integration in das „universale Holocaust-Gedächtnis" aus:

„Warum messen Sie „Bordell im KZ" solch eine Bedeutung bei? Es mögen vielleicht 80 oder 90 Frauen gewesen sein, die gezwungen wurden, in ein Bordell zu gehen; zumeist Prostituierte, oder angebliche, die irgendwo aufgegriffen und ins Frauen-KZ kamen. Was bedeutet das, in noch nicht zwei Jahren der Existenz in einigen Lagern?"²³⁴

4. Weiterführende Überlegungen anhand der Analyseergebnisse

An die Zusammenfassung der Ausschlussmechanismen, der Darstellung ihrer Funktionen sowie der Widerlegung ihrer Behauptungen schließen sich nun Überlegungen an, die sich von diesen Ergebnissen ableiten lassen.

Den Häftlingen, die die Bordelle besuchen konnten, wurde dies aufgrund ihres privilegierten Status möglich. Sie erhielten nicht nur die nötigen „Prämienscheine", sondern waren meist auch besser versorgt und daher eher in der körperlichen Verfassung, Geschlechtsverkehr zu haben. Das Gros der Häftlinge blieb hingegen von jeglichen Vergünstigungen ausgenommen. Trotz der Privilegien und des Status als „Funktionshäftlinge", Lagerälteste und Kapos waren auch diese Häftlinge Teil der „idealen Opfergemeinschaft". Dass ihnen diese Teilhabe nicht entzogen wurde, liegt an den oben aufgezeigten Darstellungsweisen der im Lagerbordell stattgefundenen sexuellen Ausbeutung. Hätte diese „Bordell-Zielgruppe" den eigentlichen Charakter der Sex-Zwangsarbeit nicht verfälscht wiedergegeben, wären sie als Partizipierende eines gewaltvollen Zwangsarbeitssystems identifiziert worden. Sie hätten damit gegen die Regeln der „idealen Opfergemeinschaft" verstoßen und wären ausgeschlossen worden. Da sie aber die Anerkennung des Leids der Frauen verweigern sowie die geschehenen Vergewaltigungen und sexuellen Zwänge im Bordell leugnen, bleiben sie unschuldig.

---

²³⁴ Zitiert aus: Interview Nr. 26.

Das Wissen der Männer um die Lage der Frauen im Bordell steht diametral zu ihren Erzählungen, Behauptungen und Beobachtungen. Die Frauen waren für sie Objekt der Begierde oder Spitzel der SS. Sie wurden durch die Häftlinge auf die „Funktion" als „Prostituierte" degradiert, auf einen körperlichen Gegenstand zur Befriedigung männlicher Lust reduziert, zur Ablenkung von männlichen Leiderfahrungen instrumentalisiert und zur Bestätigung der männlichen Sexualität und Subjektposition benutzt.

Erst die auf diese Weise geschaffene Abgrenzung von der Gruppe der Sex-Zwangsarbeiterinnen ermöglicht ein positives Männerbild in Bezug auf den Bordellbesuch. Die männlichen Häftlinge werten sich und ihr Verhalten durch konstruierte Zuschreibungen auf. Auch die Frauen erhalten durch sie auf komplexe und äußerst widersprüchliche Art einen privilegierten Status zugesprochen. Dieser bleibt für sie aber bedeutungslos, da sie nicht als Menschen „aufgewertet" werden, sondern als reine Statussymbole, die nur den Männern nützlich sind. Diese versehen sie mit Attributen wie Schönheit, Pflege, besonderer Kleidung, Gesundheit, ausreichender Ernährung, guter Behandlung und Freiwilligkeit. Solche Zuschreibungen suggerieren den Männern selbst, vor allem aber den anderen Häftlingen, dass sie durch ihre privilegierte Stellung auch den privilegierten Zugang zum Bordell, zu „erotischen Prostituierten", zu „schönen Mädchen" hatten. Die Frauen wurden dadurch tatsächlich zu einer wertvollen Prämie, wie es die SS durch ihr „Prämiensystem" beabsichtigte. Durch sie konnten die Freier ihren Status aufwerten und behielten in der Nachkriegszeit auch die Deutungshoheit über die Geschehnisse in den Lagerbordellen. Es handelt sich hierbei um eine Minderheit, die die Bordelle frequentierte und um noch weniger Männer, die darüber sprachen. Taten sie es doch, war der Grundstein für das Narrativ bereits in der Haftzeit gelegt worden.

Wie dominant die männlichen Überlebenden in diesem Erinnerungsdiskurs über Sex-Zwangsarbeit für viele Jahrzehnte agierten, zeigt nicht nur die Analyse des Gesamtmaterials, sondern wird auch durch die Aussage des späteren stellvertretende Stiftungsdirektors der Gedenkstätte Buchenwald Rikola-Gunnar Lüttgenau belegt:

„Man strukturierte das Lager derart, dass man die eigene Geschichte, die man erzählen wollte, sehr gut erzählen konnte. Ein Häftlingsbordell stört aber die heldenhafte Geschichte des antifaschistischen Widerstandskampfes. [...] So ist das Häftlingsbordell und die Geschichte der Frauen zugunsten der Geschichte der Männer gleichsam vergessen worden, vernichtet worden."[235]

---

[235] Rikola-Gunnar Lüttgenau im Rahmen der Befreiungsfeier in der Gedenkstätte Buchenwald, in: „Das große Schweigen".

VI. Fazit

Die im Erinnerungsdiskurs bis heute noch gegenwärtige Unsichtbarkeit sexueller Ausbeutung in nationalsozialistischen Lagerbordellen hat verschiedene Ursachen. Wie die Studie zeigt, wurde sexualisierte Gewalt als Bestandteil weiblicher Erfahrungen im Lager und im Überleben danach einer universalen Opfergeschichte untergeordnet. Anstatt unterschiedliche Gewaltformen und Lebensrealitäten zu differenzieren, fand das (hauptsächlich) männliche Kollektiv eine gemeinsame Sprache, durch die es die Definition von Leid bestimmen konnte. Dieses durch Ausschlüsse determinierte Konstrukt garantiert den „idealen Opfern" die Anerkennung ihres Leids und die Dominanz ihrer Erinnerungen.

Die beschriebene Konstituierung eines „wir" versus „sie" ist dabei entscheidender Bestandteil des Narrativs, auf dem die angeführten Ausschlüsse gründen, um Anerkennung zu erhalten: Zu Beginn wurde eine kollektive Konzentrationslagererfahrung von wenigen Überlebenden etabliert. Diese entsprach den gesellschaftlichen Anforderungen und Erwartungen der ersten Nachkriegsdekaden in BRD und DDR, die sich zwischen „Vergangenheitsbewältigung" und antifaschistischer Mystifizierung bewegten. Die durch diese Vorgaben entstandene „ideale Opfergemeinschaft" berichtete folglich nur von dem Unrecht, das sie erfahren, aber nicht von dem, das sie zugefügt hatte.

Möglich wurde dies im Fall der Lagerbordelle durch ihre Berichte von „Freiwilligkeit" und „Prostitution", von körperlicher Unversehrtheit der Frauen und Erotik. Indem den Sex-Zwangsarbeiterinnen kollektiv jegliche Leiderfahrung abgesprochen wurde, behielten die Männer ihre Unschuld und legitimierten darüber hinaus ihre Version der historischen Ereignisse. Diese Negierung ist jedoch nicht nur von großer Wichtigkeit für das unschuldige „Freierkollektiv", sondern auch für die Mitwisser.

Denn nicht nur die wenigen Männer, die offen über ihren Bordellbesuch sprachen, sondern auch jene, die deren Berichte sowie Erzählungen anderer Kameraden als Hörensagen weitergaben, trugen zu dieser Umschreibung der Geschichte bei. Das männliche Narrativ über die sexuelle Zwangsausbeutung von Frauen wurde unhinterfragt akzeptiert. So wurde es möglich, Sex-Zwangsarbeit als nationalsozialistisches Gewaltverbrechen aus einem „universalen" Holocaustgedächtnis auszuklammern. Auch als das Interesse an den Zeitzeug_innen in den 1990er Jahren erstarkte und viele von ihnen interviewt wurden, veränderte sich die Erzählung nicht. Die Lagerbordelle existieren weiterhin nur punktuell als erheiternde oder erotische Randnotiz.

Die so genannte „freiwillige Meldung" war eine „Perfidie der SS"[236], trotzdem wurde diese Sichtweise auf sexuelle Ausbeutung oftmals auch von Forscher_innen unhinterfragt übernommen. Dass jede Arbeit für die SS „Zwangscharakter" hatte, wird dabei übersehen. Die meisten Frauen wurden von der SS rekrutiert, aber es gab tatsächlich einige, die sich in der Hoffnung auf bessere Überlebenschancen meldeten. Dieselbe Hoffnung stand hinter jedem Arbeitskommando im Konzentrationslager.[237] Die Entscheidung für das „Bordellkommando" zeigt, wie unerträglich die Lebensumstände für die Frauen gewesen sein müssen, um diesen Schritt zu gehen. Sie waren bereit, tägliche Vergewaltigungen als Preis für das eigene Leben zu bezahlen. Von der viel beschworenen „Freiwilligkeit" und Unschuld männlicher Überlebender kann keine Rede sein.

Die Ergebnisse dieser Arbeit sollen den männlichen Überlebenden der Konzentrationslager ihr erlebtes Leid keineswegs absprechen oder die an ihnen begangenen Verbrechen relativieren. Stattdessen sollen sie die stattgefundene Aberkennung des Leids

---

[236] Amesberger, Helga/Auer, Katrin/Halbmayr, Brigitte (2010), Sexualisierte Gewalt, S. 114.
[237] Schikorra, Christa (2001), Kontinuitäten der Ausgrenzung, S. 198.

anderer sichtbar machen: Was als einfache Erzählung von „Prostituierten" und Häftlingen in den Lagern erscheint, entpuppt sich bei näherem Hinsehen als komplexe Verstrickung verschiedener Unterdrückungs- und Machtverhältnisse – sowohl unter den Häftlingen als auch zwischen SS und Häftlingsgesellschaft. Nur eine Perspektive, die das Geschlechterverhältnis auch *innerhalb* des Konzentrationslagers als ein Herrschaftsverhältnis begreift, kann diese Vorgänge sichtbar machen und ihr Unrecht korrigieren. Aufgrund dieser aufrechterhaltenen Normativität war es in der Häftlingsgesellschaft überhaupt möglich, die aufgezeigte Unterscheidung zwischen übergeordneten Freiern und untergeordneten „Prostituierten" zu machen. Nach dem Krieg setzte sich dies durch die von der „idealen Opfergemeinschaft" produzierten Ausschlüsse fort. So konnte entsprechend über die betroffenen Frauen geurteilt werden.

Die Motivation, sich mit diesem Thema auf wissenschaftlicher Ebene auseinanderzusetzen, war nicht nur das Finden *einer* möglichen Antwort auf die Unsichtbarkeit sexueller Zwangsarbeit in Konzentrationslagern, sondern auch die Suche eines möglichen Wegs, die vergessenen Sex-Zwangsarbeiterinnen in den Erinnerungsdiskurs zu integrieren.

Harald Welzer konstatiert, dass es keine „ [...] gültige Form des Erinnerns und Gedenkens gibt [...], auch wenn es den jeweiligen Zeitgenossen wünschenswert erscheint. Erinnerung schreibt sich [...] immer nach Erfordernissen der Gegenwart um, und das Gedenken folgt diesen Umschriften in gemessenen Abstand."[238] Folglich muss vor einer Integration in den Erinnerungsdiskurs zuerst eine gesellschaftliche Auseinandersetzung mit sexualisierter Gewalt im Holocaust (und damit auch mit Sex-Zwangsarbeit) stattfinden. Sie muss als politische Tat, die Teil der nationalsozialistischen Ideologie war, anerkannt werden. Ein Beweis dafür sind die „asozialen" Frauen, die in den Lagerbor-

---

[238] Welzer, Harald (2012), Vom Zeit- zum Zukunftszeugen, S. 43.

dellen sexuell ausgebeutet wurden und so die „Häftlingsindustrie" ankurbeln sollten.

Sexualisiert-rassistische und sexualisiert-heterosexistische Gewalt machte Frauen auch über die Konzentrationslager hinaus zu einem Teil nationalsozialistischer Verfolgungs- und Vernichtungspolitik. Eine Differenzierung ist also dringend notwendig, um den Gewalterfahrungen und Traumatisierungen der Frauen gerecht zu werden. Erst diese Anerkennung unterschiedlicher Gewalterfahrungen von Frauen und Männern im Holocaust erweitert die Forschungsmöglichkeiten und damit auch den bisherigen Wissensbestand und nimmt schließlich Einfluss auf die Gedächtnispolitik der Gegenwart. Bis dahin bleibt die Verfügungsgewalt, die von den analysierten Erinnerungsberichten über die Geschichte ehemaliger Sex-Zwangsarbeiterinnen ausgeht, paradigmatisch für den Umgang mit dem Themenkomplex sexualisierte Gewalt.

Es ist zwar möglich und auch nötig, systematisiertes Faktenwissen über Sex-Zwangsarbeit zu erlangen, allerdings, und hierfür steht die Perspektive Robert Sommers beispielhaft, gehen damit oft Relativierungen und Vergleiche einher, die wiederum zur Negierung dieses Leids beitragen und Frauen erneut zu Objekten von Diskussionen machen. Viele Autor_innen übersehen in diesem Zusammenhang auch, dass die Funktion sexualisierter Gewalt auch dann universale Gültigkeit besitzt, wenn es im Kontext von Verfolgung und Genozid zu Gewalt gegen Frauen kommt: Sie hat immer die Unterwerfung, Erniedrigung und physische oder psychische Schändung eines „verwundbaren Opfers" zum Ziel. In allen Fällen sexualisierter Gewalt sind weibliche Opfer mindestens zweifach betroffen: als Frauen und als Mitglieder einer vermeintlich „minderwertigen" Gruppe.

Um die Forschung auf diesem Feld auszudehnen und eine Auseinandersetzung anhand zukünftiger Ergebnisse voranzutreiben, werden nun beispielhaft Forschungsfragen formuliert, die sich im Verlauf der Arbeit ergaben. Dies betrifft vor allem die

Interviews mit weiblichen Überlebenden aus Ravensbrück, die nicht berücksichtigt werden konnten:

Wie definieren diese Frauen das von den Sex-Zwangsarbeiterinnen erlebte Leid? Schließen sie sich der Definition der männlichen Überlebenden an oder etablieren sie neue Standards hinsichtlich der Lagerbordelle? Verändern sich in den Erinnerungen der „Ravensbrückerinnen" gegenderte Narrative und erfährt sexualisierte Gewalt dabei Beachtung?

Darüber hinaus bleibt auch die Rolle des hier angebotenen Begriffswerkzeugs der „idealen Opfergemeinschaft" von Interesse: wie dynamisch ist dieses Konstrukt außerhalb des beschriebenen Komplexes Sex-Zwangsarbeiterinnen – männliche Häftlinge? Können auch andere umstrittene Gruppen (wie die oben beschriebenen Kapos) über „Othering" und die Konstruktion von Ausschlüssen, Teil der „idealen Opfergemeinschaft" werden?

Lässt sich dieses in der Arbeit dargestellte Verhältnis auf weitere Spannungsfelder der Holocaustforschung, wie beispielsweise andere „vergessene" Opfer, übertragen und welche Funktionen erfüllen dort die jeweiligen Ausschlussmechanismen?

Erst die Artikulation bestimmter Geschlechterbilder, -rollen und -vorstellungen hilft dabei, die Lebensrealität der etwa 200 Sex-Zwangsarbeiterinnen sichtbar zu machen. Auf diese Weise wird es möglich, sich gegen eine hegemonial männliche Erzählweise in der Darstellung des Holocaust, der Sex-Zwangsarbeit und ihres Leids (in Erinnerung und Forschung) zu stellen: Akzeptanz und Anerkennung, die die Männer über die Sex-Zwangsarbeiterinnen für sich selbst konstruierten, überdeckten ihre eigene Mittäterschaft, Verleugnung, Negierung und Verfälschung an und von sexualisierter Gewalt völlig. Nur eine kritische Betrachtung dieser Konstruktion von „unzureichendem Leid" und von „Freiwilligkeit" im nationalsozialistischen Zwangssystem Konzentrationslager macht eine andere Perspektive und damit andere Schicksale sichtbar.

VII. Interviewliste mit Quellenverzeichnis

Visual History Archive, Freie Universität Berlin, unter: www.vha.fu-berlin.de:

Nr. 01: Bab, Werner. Interview 29164. Visual History Archive. USC Shoah Foundation. 2013. Internet. 7.5.2013.

Nr. 02: Bonet, Adam. Interview 51420. Visual History Archive. USC Shoah Foundation. 2013. Internet. 7.5.2013.

Nr. 03: Carlebach, Nathan. Interview 17211. Visual History Archive. USC Shoah Foundation. 2013. Internet. 7.5.2013.

Nr. 04: Dittmann, Reidar. Interview 50467. Visual History Archive. USC Shoah Foundation. 2013. Internet. 7.5.2013.

Nr. 05: Federn, Ernst. Interview 40799. Visual History Archive. USC Shoah Foundation. 2013. Internet. 7.5.2013.

Nr. 06: Goodchild, Sam. Interview 29135. Visual History Archive. USC Shoah Foundation. 2013. Internet. 7.5.2013.

Nr. 07: Gottlieb, Samuel. Interview 5632. Visual History Archive. USC Shoah Foundation. 2013. Internet. 7.5.2013.

Nr. 08: Heimberg, Arthur. Interview 7362. Visual History Archive. USC Shoah Foundation. 2013. Internet. 7.5.2013.

Nr. 09: Kalinski, Sigmund. Interview 48911. Visual History Archive. USC Shoah Foundation. 2013. Internet. 7.5.2013.

Nr. 10: Kolischer, Herbert. Interview 20003. Visual History Archive. USC Shoah Foundation. 2013. Internet. 7.5.2013.

Nr. 11: Lustig, Leopold, Interview 20566. Visual History Archive. USC Shoah Foundation. 2013. Internet. 7.5.2013.

Nr. 12: Mikols, Henry. Interview 51743. Visual History Archive. USC Shoah Foundation. 2013. Internet. 7.5.2013.

Nr. 13: Markus, Jan. Interview 43667. Visual History Archive. USC Shoah Foundation. 2013. Internet. 7.5.2013.

Nr. 14: Scharf, David. Interview 19489. Visual History Archive. USC Shoah Foundation. 2013. Internet. 7.5.2013.

Nr. 15: Schwartz, Michael. Interview 41458. Visual History Archive. USC Shoah Foundation. 2013. Internet. 7.5.2013.

Nr. 16: Sik, Ota. Interview 36887. Visual History Archive. USC Shoah Foundation. 2013. Internet. 7.5.2013.

Nr. 17: Werber, Jacob. Interview 12485. Visual History Archive. USC Shoah Foundation. 2013. Internet. 7.5.2013.

Nr. 18: Bloxenheim, Harry, Interview 33336. Visual History Archive. USC Shoah Foundation. 2013. Internet. 7.5.2013.

Nr. 19: Burstin, Frank. Interview 37151. Visual History Archive. USC Shoah Foundation. 2013. Internet. 7.5.2013.

Nr. 20: Feig, Chaim. Interview 34315. Visual History Archive. USC Shoah Foundation. 2013. Internet. 7.5.2013.

Nr. 21: Honey, Michael. Interview 25651. Visual History Archive. USC Shoah Foundation. 2013. Internet. 7.5.2013.

Nr. 22: Worzman, Peter. Interview 3231. Visual History Archive. USC Shoah Foundation. 2013. Internet. 7.5.2013.

(Un)Veröffentlichtes Interviewmaterial zu: Niemeyer, Maren/ von der Tann, Caroline, Das große Schweigen: Bordelle in Konzentrationslagern (1995), Dokumentation, 55 Minuten, Deutschland: ARD/ORB

Nr. 23: Clip1 ATK 6. Das große Schweigen – Bordelle in Konzentrationslagern (1995), Dokumentation, 30 Minuten, Regie: Maren Niemeyer, Caroline von der Tann, Produktion, Deutschland: ARD/ORB.

Nr. 24: Clip1 ATK 4. Das große Schweigen – Bordelle in Konzentrationslagern (1995), Dokumentation, 30 Minuten, Regie: Maren Niemeyer, Caroline von der Tann, Produktion, Deutschland: ARD/ORB.

Nr. 25: Clip1 ATK 3. Das große Schweigen – Bordelle in Konzentrationslagern (1995), Dokumentation, 30 Minuten, Regie: Maren Niemeyer, Caroline von der Tann, Produktion, Deutschland: ARD/ORB.

Nr. 26: Clip1 ATK 13. Das große Schweigen – Bordelle in Konzentrationslagern (1995), Dokumentation, 30 Minuten, Regie: Maren Niemeyer, Caroline von der Tann, Produktion, Deutschland: ARD/ORB.

Interviews mit Sex-Zwangsarbeiterinnen und männlichen Häftlingen: Paul, Christa (1994), Zwangsprostitution. Staatlich errichtete Bordelle im Nationalsozialismus, Berlin: Hentrich

Nr. 27: Herr J., Tonbandinterview vom 19.10.1993 mit Christa Paul in: Paul, Christa (1994), Zwangsprostitution, S. 76-78.

Nr. 28: Junge, Heinz, Brief vom 18.8.1990 mit Christa Paul in: Paul, Christa (1994), Zwangsprostitution, S. 82-83.

Nr. 29: Junge, Heinz, Brief vom 28.11.1990 mit Christa Paul, in: Paul, Christa (1994), Zwangsprostitution, S. 90.

David Boder – Voices of the Holocaust, unter: http://voices.iit.edu

Nr. 30: Bramson, Jaques, http://voices.iit.edu/interview?doc=bramsonJ&display=bramsonJ_en (Stand: 06.07.2017).

Nr. 31: Feuer, Otto, http://voices.iit.edu/interview?doc=feuerO&display=feuerO_en (Stand: 06.07.2017).

Berichte im Archiv der Gedenkstätte Mauthausen:

Nr. 32: Kanthack, Gerhard. Bericht im Archiv Mauthausen Memorial. AMM V3/20, S. 24-25, 56.

Nr. 33: Kodré, Heinrich. Bericht im Archiv Mauthausen Memorial. AMM V3/24, S. 55.

VIII. Literaturverzeichnis

Alakus, Baris/Kniefacz, Katharina/Vorberg, Robert (Hg.) (2006), Sex-Zwangsarbeit in nationalsozialistischen Konzentrationslagern, Wien: Mandelbaum Verlag.

Amesberger, Helga/Auer, Katrin/Halbmayr, Brigitte (2010), Sexualisierte Gewalt. Weibliche Erfahrungen in NS-Konzentrationslagern, Wien: Mandelbaum Verlag.

Amesberger, Helga/ Halbmayr, Brigitte (2001), Vom Leben und Überleben. Wege nach Ravensbrück: das Frauenkonzentrationslager in der Erinnerung. Band 1: Dokumentation und Analysen, Wien: Promedia-Verlag.

Baer, Ulrich (2000), Einleitung, in: Baer, Ulrich (Hg.) Niemand zeugt für den Zeugen. Erinnerungskultur nach der Shoah, Frankfurt am Main: Suhrkamp Verlag.

Baer, Ulrich (2000), Niemand zeugt für den Zeugen. Erinnerungskultur nach der Shoah, Frankfurt am Main: Suhrkamp Verlag.

Baumel, Judith Tydor (2000), You Said the Words You Wanted Me to Hear but I Heard The Words You Couldn't Bring Yourself to Say: Women's First Person Accounts of the Holocaust, in: The Oral History Review, Vol. 27, No. 1 (Winter-Spring, 2000), S. 17-56 unter:
http://www.jstor.org/stable/3675505 (Stand: 23.7.2017).

Baumgartner, Andreas (2006), Die vergessenen Frauen von Mauthausen: die weiblichen Häftlinge des Konzentrationslagers Mauthausen und ihre Geschichte, Wien: Edition Mauthausen.

Benz, Wolfgang, Wenn die Zeugen schweigen, in: Dachauer Hefte, 25. Jahrgang 2009, Heft 25, Die Zukunft der Erinnerung.

Borowski, Tadeusz (2008), Bei uns in Auschwitz, München: btb Verlag.

Bos, Pascale Rachel (2003), Women and the Holocaust: Analyzing Gender Difference, in: Baer, Elizabeth R./Goldenberg, Myrna (Hg.), Experience and Expression, Detroit: Wayne State University Press.

Bourdieu, Pierre (2005), Die männliche Herrschaft, Frankfurt am Main: Suhrkamp Verlag.

Browning, Christoper (2011), Rembembering Survival, in: Past Forward: The Digest of the USC Shoah Foundation Institute For Visual History and Education, Edition of Spring 2011, unter: http://sfi.usc.edu/sites/default/files/docfiles/PF_spring13_rev2_7.25_pgs.pdf (Stand: 25.07.2017).

Butler, Judith (2003), Das Unbehagen der Geschlechter, Frankfurt am Main: Suhrkamp Verlag.

De Lauretis, Teresa (1987), Technologies of Gender. Essays on Theroy, Film and Fiction, Bloomington: Indiana University Press.

Dublon-Knebel, Irith (2002), Transformationen im Laufe der Zeit. Re-Präsentationen des Holocaust in Zeugnissen der Überlebenden, in: Eschebach, Insa/Jacobei, Sigrid/Wenk, Silke (Hg.), Gedächtnis und Geschlecht: Deutungsmuster in Darstellungen des nationalsozialistischen Genozids, Frankfurt am Main: Campus Verlag.

Eberle, Annette (2005), Häftlingskategorien und Kennzeichnungen, in: Benz, Wolfgang/Distl, Barbara (Hg.), Der Ort des Terrors, Band I. Die Organisation des Terrors, München: C.H. Beck.

Eschebach, Insa/Jacobeit, Sigrid/ Wenk, Silke (2002), Gedächtnis und Geschlecht. Deutungsmuster in Darstellungen des nationalsozialistischen Genozids, Frankfurt am Main: Campus Verlag.

Eschebach, Insa/Wenk, Silke (2002), Soziales Gedächtnis und Geschlechterdifferenz. Eine Einführung, in: Eschebach, Insa/ Jacobeit, Sigrid/Wenk, Silke (Hg.), Gedächtnis und Geschlecht. Deutungsmuster in Darstellungen des nationalsozialistischen Genozids, Frankfurt am Main: Campus Verlag.

Eschebach, Insa/Mühlhäuser, Regina (2008), Krieg und Geschlecht: sexuelle Gewalt im Krieg und Sex-Zwangsarbeit in NS-Konzentrationslagern, Berlin: Metropol.

Eschebach, Insa/Mühlhäuser, Regina (2008), Sexuelle Gewalt im Krieg und Sex-Zwangsarbeit in NS-Konzentrationslagern. Deutungen, Darstellungen, Begriffe, in: Eschebach, Insa/ Mühlhäuser, Regina (Hg.), Krieg und Geschlecht: sexuelle Gewalt im Krieg und Sex-Zwangsarbeit in NS-Konzentrationslagern, Berlin: Metropol.

Flaschka, Monika J. (2010), Only Pretty Women were raped: The Effect of Sexual Violence on Gender Identities in the Concentration Camps, in: Hedgepeth, Sonja M./Saidel, Rochelle G. (Hg.), Sexual Violence against Jewish Women during the Holocaust, Lebanon: Brandeis University Press.

Glowack, Dorota (2003), Philosophy in the feminine, in: Baer, Elizabeth R./Goldenberg, Myrna (Hg.), Experience and Expression, Detroit: Wayne State University Press.

Goldenberg, Myrna/Shapiro, Amy H. (2013), Different Horrors, Same Hell. Gender and the Holocaust, Seattle: University of Washington Press.

Goldenberg, Myrna (2013), Sex based violence, in: Goldenberg, Myrna/Shapiro, Amy H. (Hg.), Different Horrors, Same Hell. Gender and the Holocaust, Seattle: University of Washington Press.

Halbwachs, Maurice (1991), Das kollektive Gedächtnis, Frankfurt am Main: Fischer Verlag.

Hall, Stuart (1989), Rassismus als ideologischer Diskurs, in: Das Argument 178, Hamburg: Argument Verlag.

Hartman, Geoffrey (2000), Intellektuelle Zeugenschaft und die Shoah, in: Baer, Ulrich (Hg.), Niemand zeugt für den Zeugen. Erinnerungskultur nach der Shoah, Frankfurt am Main: Suhrkamp Verlag.

Hedgepath, Sonja M./Saidel, Rochelle G. (2011), Sexual Violence against Jewish Women During The Holocaust, Waltham: Brandeis University Press.

Herrmann, Steffen Kitty (2003), Performing the Gap – Queere Gestalten und geschlechtliche Aneignung, in: Arranca! Ausgabe 28, November 2003, Berlin: FelS.

Hilberg, Raul (1992), Täter, Opfer, Zuschauer. Die Vernichtung der Juden 1933-1945, Frankfurt am Main: Fischer Verlag.

Hill Collins, Patricia (2000), Black Feminist Thought. Knowledge, Consciousness, and the Politics of Empowerment, New York: Routledge.

hooks, bell (1989), Talking back: Thinking Feminist, Thinking Black, Boston: South End Press.

Horowitz, Sara (2005), The gender of good and evil, in: Petropoulos, Jonathan/Roth, John K. (Hg.), Gray Zones. Ambiguity and Compromise in the Holocaust and its Aftermath, New York: Berghahn Books.

Jacobs, Janet (2010), Memorializing the Holocaust. Gender, Genocide and Collective Memory, London: I.B. Tauris.

Jaiser, Constanze (2005), Repräsentationen von Sexualität und Gewalt in Zeugnissen jüdischer und nichtjüdischer Überlebender, in: Bock, Gisela (Hg.), Genozid und Geschlecht. Jüdische Frauen im nationalsozialistischen Lagersystem, Frankfurt: Campus Verlag.

Jureit, Ulrike/Orth, Karin (1994), Überlebensgeschichten. Gespräche mit Überlebenden des KZ Neuengamme, Hamburg: Dölling und Galitz.

Jureit, Ulrike (2010), Gefühlte Opfer. Illusionen der Vergangenheitsbewältigung, Bonn: Bundeszentrale für politische Bildung.

Klüger, Ruth (1993), weiter leben: eine Jugend, Göttingen: Wallstein Verlag.

Kogon, Eugen (1974), Der SS-Staat. Das System der deutschen Konzentrationslager, München: Kindler Verlag.

Koontz, Johanna (2007), Nachwort in: Rolfi, Lidia Beccaria (Hg.), Zurückkehren als Fremde: von Ravensbrück nach Italien: 1945-1948, Berlin: Metropol.

Kurths, Anja (2008), Shoahgedenken im israelischen Alltag. Der Umgang mit der Shoah in Israel seit 1948 am Beispiel der Gedenkstätten Beit Lohamei HaGetaot, Yad Vashem und Beit Terezin, Berlin: Frank & Timme.

Lamnek, Siegfried (2005), Qualitative Sozialforschung, Weinheim: Beltz Verlag.

Langer, Lawrence (1998), Gendered Suffering?, in: Ofer, Dalia/Weitzman, Lenore J. (Hg.), Women in the Holocaust, New Haven: Yale University Press.

Levi, Primo (1979), Ist das ein Mensch?, München: Hanser.

Linden, Ruth R. (1993), Making Stories, Making Selves. Feminist Reflections on the Holocaust, Coloumbus: Ohio State University Press.

Lorey, Isabell (2009), Der weiße Körper als feministischer Fetisch, in: Dietze, Gabriele/Hrzan, Daniela/Hußmann-Kastein, Jana/Tißberger, Martia (Hg.), Weiß-Weißsein-Whiteness. Kritische Studien zu Gender und Rassismus, Frankfurt am Main: Peter Lang Verlagsgruppe.

Maršálek, Hans (2006), Die Geschichte des Konzentrationslagers Mauthausen, Wien: Mauthausen Komitee Österreich.

Nansen, Odd (1949), Von Tag zu Tag, Hamburg: Dulk.

Ni Aolain, Fionnuala (2000), Sex-based violence and the holocaust, unter:

http://digitalcommons.law.yale.edu/yjlf/vol12/iss1/3/
(Stand: 25.07.2017)

Orth, Karin (1999), Das System der nationalsozialistischen Konzentrationslager, Hamburg: Hamburger Edition.

Paul, Christa (1994), Zwangsprostitution. Staatlich errichtete Bordelle im Nationalsozialismus, Berlin: Hentrich.

Pätzold, Kurt (2005), Häftlingsgesellschaft, in: Benz, Wolfgang/Distl, Barbara (Hg.), Der Ort des Terrors, Band I. Die Organisation des Terrors, München: C. H. Beck.

Ringelheim Joan (1984), The Unethical and the Unspeakable: Women and the Holocaust, in: Levi, Neil/ Rothberg, Michael (Hg.), The Holocaust: Theoretical Readings, New Brunswick: Rutgers University Press.

Ringelheim, Joan (1985), Women and the Holocaust: A Reconsideration of Research, in: Signs, Vol. 10, No. 4, Communities of Women (Summer, 1985), unter:
http://www.jstor.org/stable/3174312, (Stand: 23.07.2017).

Roth, John K. (2013), Equality, Neutrality, Particularity, in: Baer, Elizabeth R./Goldenberg, Myrna (Hg.), Experience and Expression, Detroit: Wayne State University Press.

Sabrow, Martin (2012), Der Zeitzeuge als Wanderer zwischen zwei Welten, in: Sabrow, Martin/Frei, Norbert (Hg.), Die Geburt des Zeitzeugen nach 1945, Göttingen: Wallstein Verlag.

Scherr, Rebecca (2003), The uses of memory and abuses of fiction; sexuality in Holocaust film, fiction, and memoir, in: Baer, Elizabeth R./Goldenberg, Myrna (Hg.), Experience and Expression, Detroit: Wayne State University Press.

Schikorra, Christa (2000), Prostitution weiblicher KZ-Häftlinge als Zwangsarbeit: zur Situation „asozialer" Häftlinge im Frauen-KZ Ravensbrück, in: Dachauer Hefte: Studien und Dokumente zur Geschichte der nationalsozialistischen Konzentrationslager, Band 16, Dachau: Verlag Dachauer Hefte.

Schikorra, Christa (2001), Kontinuitäten der Ausgrenzung. Asoziale Häftlinge im Frauen Konzentrationslager Ravensbrück, Berlin: Metropol.

Schikorra, Christa (2001), Asoziale Häftlinge in Ravensbrück, in: Röhr, Werner (Hg.), Tod oder Überleben? Bulletin für Faschismus und Weltkriegsforschung, Berlin: Edition Organon.

Schlingmann, Thomas (2003), Männlichkeit und sexualisierte Gewalt gegen Jungen, in: Switchboard. Zeitschrift für Männer und Jungenarbeit, Nr.157, April/Mai 2003, Hamburg: Verlag Männerwege.

Schulte, Jan Erik (2001), Zwangsarbeit und Vernichtung: das Wirtschaftsimperium der SS: Oswald Pohl und das SS-Wirtschafts-Verwaltungshauptamt 1933-1945, Paderborn: Schöningh.

Semprun, Jorge (1994), Was für ein schöner Sonntag!, Frankfurt am Main: Suhrkamp.

Shik, Na'ama (2009), Sexual Abuse of Jewish Women in Auschwitz Birkenau, in: Herzog, Dagmar (Hg.), Brutality and Desire. War and Sexuality in Europe's Twentieth Century, London: Palgrave Macmillan.

Sofsky, Wolfgang (1993), Die Ordnung des Terrors. Das Konzentrationslager, Frankfurt am Main: S. Fischer.

Sommer, Robert (2008), Warum das Schweigen?: Berichte von ehemaligen Häftlingen über Sex-Zwangsarbeit in nationalsozialistischen Konzentrationslagern, in: Eschebach, Insa/ Mühlhäuser, Regina (Hg.), Krieg und Geschlecht: sexuelle Gewalt im Krieg und Sex-Zwangsarbeit in NS-Konzentrationslagern, Berlin: Metropol.

Sommer, Robert (2009), Zur Verfolgungsgeschichte „asozialer" Frauen aus Lagerbordellen, in: Ausgegrenzt: „Asoziale" und „Kriminelle" im nationalsozialistischen Lagersystem: Beiträge zur Geschichte der nationalsozialistischen Verfolgung in Norddeutschland, Heft 11, Bremen: Edition Temmen.

Sommer, Robert (2009), Das KZ-Bordell. Sexuelle Zwangsarbeit in nationalsozialistischen Konzentrationslagern, Paderborn: Schöningh.

Strebel, Bernhard (2003), Das KZ Ravensbrück. Geschichte eines Lagerkomplexes, Paderborn: Schöningh.

Uhl, Heidemarie (2012), Die Entdeckung des Zeitzeugen, in: Sabrow, Martin, Der Zeitzeuge als Wanderer zwischen zwei Welten, in: Sabrow, Martin/Frei, Norbert (Hg.), Die Geburt des Zeitzeugen nach 1945, Göttingen: Wallstein Verlag.

Welzer, Harald (2012), Vom Zeit- zum Zukunftszeugen: Vorschläge zur Modernisierung der Erinnerungskultur, in: Sabrow, Martin (Hg.), Der Zeitzeuge als Wanderer zwischen zwei Welten, in: Sabrow, Martin/Frei, Norbert (Hg.), Die Geburt des Zeitzeugen nach 1945, Göttingen: Wallstein Verlag.

Wickert, Christl (2002), Tabu Lagerbordell, in: Eschebach, Insa/Jacobeit, Sigrid/Wenk, Silke (Hg.), Gedächtnis und

Geschlecht: Deutungsmuster in Darstellungen des nationalsozialistischen Genozids, Frankfurt am Main: Campus Verlag.

Wieviorka, Annette (2000), Die Entstehung des Zeugen, in: Smith, Gary (Hg.), Arendt Revisited, Frankfurt am Main: Suhrkamp Verlag.

Wildwasser – Arbeitsgemeinschaft gegen sexuellen Missbrauch an Mädchen (2007), Sexuelle Gewalt. Aktuelle Beiträge aus Theorie und Praxis, Berlin: Selbstverlag.

Yablonka, Hanna (2003), The Development of Holocaust Consciousness in Israel: The Nuremberg, Kapos, Kastner, and Eichmann Trials, in: Israel Studies, Volume 8, Number 3, Fall 2003.

Zuckerhut, Patricia/Grubner, Barbara (2011), Gewalt und Geschlecht: sozialwissenschaftliche Perspektiven auf sexualisierte Gewalt, Frankfurt am Main: Lang.

Sach- und Fachbücher
- Gesellschaftskritik
- Frauen-/ Männer-/ Geschlechterforschung
- Holocaust/ Nationalsozialismus/ Emigration
- (Sub)Kulturen, Kunst & Fashion, Art Brut
- Gewalt und Traumatisierungsfolgen
- psychische Erkrankungen

sowie
… junge urbane Gegenwartsliteratur,
Biografien

… queere Kinderbücher

… Art Brut und Graphic Novels

www.marta-press.de

www.marta-press.de

Beim Verlag oder im Buchhandel bestellbar:

Jana Reich, 3. Auflage 2014:
"Übersehene Kinder. Biografien erwachsener Töchter von Borderline-Müttern", ISBN 978-3-944442-99-0.

Ulla Rogalski, 2014:
"Ein ganzes Leben in einer Hutschachtel. Geschichten aus dem Leben der jüdischen Innenarchitektin Bertha Sander 1901-1990", ISBN: 978-3-944442-14-3.

Johannes Ungelenk, 2014:
"Sexes of Winds and Packs. Rethinking Feminism with Deleuze and Guattari", ISBN: 978-3-944442-26-6.

Anika Meier, 2016:
"All Dolled Up. Möglichkeiten der Transformation in der Praxis des *Female Masking*", ISBN: 978-3-944442-30-3.

Robert Scheer, 2016:
"Pici. Erinnerungen an die Ghettos Carei und Satu Mare und die Konzentrationslager Auschwitz, Walldorf und Ravensbrück", ISBN: 978-3-944442-40-2.

Franziska Börnicke, 2016:
"Subjektbildungsprozesse bei Trans*Jugendlichen", ISBN: 978-3-944442-27-3.

Ulrike Schneeberg, 2016:
"**Making Boys and Girls in Picturebooks with Monsters**", ISBN: 978-3-944442-43-3.

Agnes Betzler, Katrin Degen, 2016:
"**Täterin sein und Opfer werden? Extrem rechte Frauen und häusliche Gewalt**", ISBN: 978-3-944442-47-1.

Ilse Jung, 2016:
"**RuhrgeBEATgirls. Die Geschichte der Mädchen-Beatband *The Rag Dolls* 1965 - 1969**", ISBN: 978-3-944442-25-9.

Laura Bensow, 2016:
"**»Frauen und Mädchen, die Juden sind Euer Verderben!« Eine Untersuchung antisemitischer NS-Propaganda unter Anwendung der Analysekategorie Geschlecht**", ISBN: 978-3-944442-48-8.

Rosa Strippe e. V. (Hg.), 2016:
"**Ausgrenzung - Verfolgung - Akzeptanz. Festschrift zum 35. Geburtstag des Vereins Rosa Strippe**", ISBN: 978-3-944442-28-0.

Antje Neumann, 2016:
"**Geschlechterverhältnisse verändern. Formen queer-feministischer Interventionsstrategien**", ISBN: 978-3-944442-23-5.

Luisa Talamini, 2017:
"**Migrantinnen in der Krise des Care-Modells am Beispiel Italiens**", ISBN: 978-3-944442-56-3.

Ulrike Schneeberg, 2017:
"Monster zähmen – Ein Übungs- und Unterhaltungsbuch für Geisteswissenschaftler*innen auf Jobsuche", ISBN: 978-3-944442-66-2.

Judith Goetz, Joseph Maria Sedlacek, Alexander Winkler (Hg.), 2017:
"Untergangster des Abendlandes. Ideologie und Rezeption der rechtsextremen „Identitären"", ISBN: 978-3-944442-68-6.

Juliane Lang, Ulrich Peters (Hg.), 2017/18:
"Antifeminismus in Bewegung. Aktuelle Debatten um Geschlecht und sexuelle Vielfalt", ISBN: 978-3-944442-52-5.

Lerke Gravenhorst / Ingegerd Schäuble (Hg.), 2018:
"Fatale Männlichkeit. Der NS-Zivilisationsbruch. Ein neuer Blick"
Mit Beiträgen von Hanne Kircher, Jürgen Müller-Hohagen und Karin Schreifeldt. ISBN: 978-3-944442-51-8.

Jana Reich, 2018:
"»Nichts in meinem Leben ist normal, nichts...« Die Traumata im Leben der Künstlerin Eva Hesse (1936-1970)", ISBN: 978-3-944442-06-8.

www.ingramcontent.com/pod-product-compliance
Lightning Source LLC
Chambersburg PA
CBHW031834230426
43669CB00009B/1350